ÉCLAIRCISSEMENTS

SUR LA

CRITIQUE DE LA RAISON PURE

DIJON, IMPRIMERIE J.-E. RABUTÔT.

ÉCLAIRCISSEMENTS

SUR

LA CRITIQUE

DE LA RAISON PURE

DE M. LE PROFESSEUR KANT

PAR J. SCHULZE

Prédicateur aulique du roi de Prusse

(Kœnigsberg, 1791);

TRADUIT DE L'ALLEMAND

PAR J. TISSOT

doyen de la Faculté des Lettres de Dijon.

PARIS

LIBRAIRIE PHILOSOPHIQUE DE LADRANGE

rue Saint-André-des-Arts, 41.

1865

EXPLICATION

DE LA

CRITIQUE DE LA RAISON PURE

PRÉFACE

La *Critique de la Raison pure*, donnée il y a trois ans au monde savant par le professeur *Kant*, est sans contredit le phénomène le plus saillant et le plus important qui ait pu se produire dans le champ de la philosophie spéculative. Cet ouvrage, qui est presque unique dans son genre, tant par rapport à la nouveauté de son sujet et à la manière tout à fait originale dont ce sujet est traité, que par rapport à la pénétration et à la profondeur à peine accessible qui le distinguent en général, non seulement établit avec une certitude apodictique que tous les systèmes de métaphysique accrédités jusqu'ici ne sont que de purs sophismes, et une vaine fumée, mais il montre aussi la voie à suivre désormais pour constituer une métaphysique stable et dont la raison soit enfin complétement satisfaite. Cet ouvrage n'est pas l'essai d'un jeune homme bouillant, ou un tissu de fantaisies soudaines échappées à l'un de ces enthousiastes de moyen, qui n'éprouvent pas plus de difficulté à métamorphoser des systèmes et des mondes qu'à changer leur manière de se coiffer ; c'est au contraire l'œuvre d'un homme que l'Allemagne honore depuis longtemps déjà comme un de ses plus grands philosophes ; c'est un édifice dont tous les matériaux, sans excepter les plus petits, ont été très mûrement préparés ; un édifice à la fondation et à la construction duquel le paisible architecte a consacré la plus grande partie de sa vie. Il en avait déjà fait connaître l'idée, il y a dix-neuf ans, dans sa correspondance avec le célèbre Lambert (1), et posé les premières assises depuis quatorze ans dans sa thèse inaugurale (2).

Un ouvrage de cette nature ne mérite pas seulement l'attention de quiconque n'est pas indifférent au perfectionnement et au progrès des connaissances générales de la raison; elle mérite aussi l'examen le plus soigneux et le plus attentif des connaisseurs. La déduction de l'illégitimité de nos possessions métaphysique se trouve donc cette fois déposée dans les archives de l'histoire de la philosophie de notre temps. L'y laisser ensevelie sans l'examiner, serait donc avouer tacitement que *Kant* a raison, et que nous voulons désormais philosopher à sa manière, ou ne plus

---

(1) Correspondance savante de J. H. Lambert, en allema d, publiée par J. Bernouilli, t. I, p. 340.—Voir notre traduction des *Mélanges de Logique*, p. 277 et s. — T.

(2) *De mundi sensibilis atque intelligibilis forma et principiis*. Reg. die XXI aug. 1770.—Voir l'ouvrage ci-dessus indiqué, p. 207 et s.—T.

philosopher du tout. Le dernier parti ne serait rien moins, comme l'observe très naïvement Kant lui-même, que la résolution de ne point respirer, de crainte d'aspirer plus longtemps un air impur. Le premier parti suppose la connaissance et l'examen du système de Kant.

Et cependant cet ouvrage capital a eu le sort singulier d'être opiniâtrément et presque universellement jugé obscur et inintelligible. Entre autres preuves évidentes du fait, on peut citer les deux comptes qui en ont été rendus, l'un dans la *Revue des Savants* qui se publie à Goettingue, l'autre dans la *Bibliothèque universelle de l'Allemagne*. Qu'un ouvrage comme la Critique de la Raison pure, où l'objet de l'investigation est le fondement primitif et la possibilité originelle de tout sentiment et de toute pensée, par conséquent la plus déliée et la plus profonde de toutes les spéculations; où dans chaque matière il faut faire abstraction de toute donnée sensible, et où la raison doit tout faire par elle seule sans le secours d'aucune image sensible; où chaque pas se fait sur un terrain inexploré, sur une voie non frayée; où chaque vue qui s'ouvre est entièrement nouvelle et inattendue; où tout, idée et langage, est également nouveau et en dehors des habitudes contractées; qu'un pareil livre ne puisse être populaire et accessible à chacun; qu'il doive sembler très difficile à entendre même aux esprits exercés qui le lisent avec la plus grande application; que parfois il leur semble obscur; que par sa grande étendue il doive fatiguer jusqu'au lecteur le plus indulgent : il n'y a rien là, ce nous semble-t-il, qui doive paraître étonnant. Mais qu'un tel livre soit regardé presque à l'égal de celui des Sept-Sceaux, que personne ne peut ouvrir, ou comme d'une profondeur telle que les philosophes eux-mêmes aient cherché vainement à l'expliquer à la lumière du jour commun, c'est là ce qui doit surprendre.

Cette destinée inattendue, et qui a dû naturellement affliger beaucoup l'auteur, a néanmoins eu pour le public cette conséquence très heureuse, qu'il aura dans les *Prolégomènes à toute métaphysique future qui voudra se poser comme science,* publiés l'année dernière par M. le professeur Kant, une explication très précieuse de la Critique de cet auteur. Dans le fait, ces Prolégomènes répandent sur le système de M. Kant une abondante et agréable lumière. Il faut dire pourtant que les plaintes touchant l'inintelligibilité de ce système n'ont pas très sensiblement diminué jusqu'ici. On dirait même qu'on ne recule guère moins devant la lecture des Prolégomènes que devant celle de la Critique. Si je ne me trompe, en voici la raison : si clairement que le commencement des Prolégomènes explique le but propre de la Critique, cet ouvrage est cependant trop étendu en plusieurs autres endroits, et surchargé d'un grand nombre de détails accessoires, pour qu'on puisse apercevoir et retenir sans peine la suite des raisonnements. Ici l'auteur n'a été obscur que parce qu'il voulait être clair. Mais dans la plupart des matières les Prolégomènes ne peuvent absolument pas être entendus, isolément pris ; ils exigent nécessairement une connaissance familière de la Critique, et la comparaison avec cet ouvrage. Mais cette comparaison est une affaire si extraordinairement pénible et difficile, qu'au lieu d'obtenir l'éclaircissement qu'on cherche, on n'aboutit le plus souvent qu'à un embarras plus grand encore. Ajoutons que la Critique est conçue suivant la méthode synthétique, méthode qui est ici conforme à la nature des choses ; les Prolégomènes sont au contraire exécutés suivant la méthode analytique, si bien que, tout en promenant l'esprit du lecteur dans l'ensemble de l'œuvre, ils lui rendent l'aperçu de cet ensemble plus difficile à saisir ; il y a là deux fatigues au lieu d'une, puisque après avoir suivi un premier chemin, celui de la Critique, le lecteur, dans les Prolégomènes, est conduit par un autre.

Quoi qu'il en soit, la Critique de la Raison pure a le sort singulier d'être regardée, même par la plus grande partie du public savant, comme un livre qui ne contiendrait que des hiéroglyphes. Y aurait-il donc de la présomption à penser qu'une analyse succincte et généralement intelligible de cet ouvrage important pourrait être assez goûtée de tout ami de la vérité, pour qu'elle lui parût indispensable dans l'examen méthodique qu'on pourrait faire désormais de la Critique, et dans l'intérêt des progrès ultérieurs en philosophie ? Il semble, à la vérité, qu'il n'y ait pas une médiocre audace à se croire assez fort pour remplir une pareille tâche. Mais si je puis m'avouer sans témérité que le système si obscur de la Critique de la Raison est devenu pour moi, qui ai cependant si peu de titres pour être mis au nombre des métaphysiciens de profession, un système aussi clair et aussi facile à entendre qu'aucun autre que j'aie jamais étudié, et cela pour l'avoir lu seulement deux fois, et pour n'y avoir réfléchi que l'espace de neuf mois, je ne vois pas pourquoi il ne pourrait pas sembler aussi clair, aussi facile à entendre à toute personne réfléchie, lorsque j'aurais exposé dans une courte analyse de quelques feuilles ce que j'ai dû tirer d'abord avec beaucoup de peine d'un ouvrage très étendu.

Ce n'est qu'en automne dernier que je trouvai le loisir nécessaire pour lire dans son ensemble la Critique de Kant. Je me proposai d'abord uniquement d'analyser d'une manière aussi populaire que possible tout le contenu du livre et d'en faire un examen abrégé dans une Revue, laissant de côté tous les nouveaux termes scientifiques. Pour m'assurer parfaitement si j'avais toujours rencontré le véritable sens de la Critique, j'envoyai l'exposition des matières, déjà beaucoup trop considérable pour figurer dans une Revue, à l'auteur, afin qu'il en décidât lui-même. Une réponse amicale de sa main ne tarda pas à me donner l'assurance très satisfaisante que j'avais réussi. « Il m'a
« été extrêmement agréable, m'écrivait-il entre
« autres choses, de vous voir mettre la main à mon
« essai; mais ce qui me plaît par-dessus tout, c'est la
« généralité de l'aperçu, le talent avec lequel vous
« avez partout mis en relief ce qu'il y a de plus im-
« portant et de plus décisif, et enfin la justesse de vue

« avec laquelle vous avez su saisir ma pensée. Ce
« dernier point me console surtout du malheur de
« n'avoir été entendu de presque personne, et m'af-
« franchit de la crainte d'avoir manqué du talent de
« me faire comprendre, de l'avoir possédé à un si
« faible degré, peut-être même d'en avoir manqué
« absolument dans une matière de cette difficulté, et
« par conséquent d'avoir complétement perdu ma
« peine. Puis donc qu'il se trouve un homme qui
« prouve que je puis être compris, et qui est en même
« temps un exemple que mes propositions ne sont
« pas tout à fait indignes d'être méditées pour être
« entendues, et pour juger ensuite de leur vérité ou
« de leur fausseté, j'espère que cet exemple aura
« l'effet que je désire, à savoir, de rappeler de nou-
« veau à l'étude si longtemps délaissée de la métaphy-
« sique, et de conduire enfin à la solution des ques-
« tions qui en sont l'objet. » M. le professeur Kant
me donna encore une plus complète assurance, soit
dans différentes conversations que j'eus avec lui, soit
par plusieurs autres bonnes lettres qu'il m'adressa,
que je l'avais parfaitement compris; il m'exprima toujours le désir que je ne fisse pas insérer mon exposition
dans un journal, mais que je l'étendisse encore et que
je la publiasse comme un ouvrage à part. Il désirait
aussi que j'y fisse connaître en même temps la manière
la plus convenable d'étudier son ouvrage, pour retirer de cette étude le plus de fruit possible pour la
science. Voici, entre autres choses, ce qu'il m'écrivit
aussitôt après que la Bibliothèque universelle de l'Al-

lemagne eut rendu compte de la Critique : « Puisque
« vous avez déjà écrit le résultat de votre jugement,
« ainsi que vous me l'avez dit, je tiens cette interven-
« tion de votre part pour si importante, que je désire
« vivement vous voir consacrer encore quelque temps
« à l'achever, afin de prouver autant que possible au
« public métaphysicien, comment, dans quel ordre il
« doit étudier la Critique, vers quels points essentiels
« seulement il doit d'abord diriger son attention, et
« afin de déterminer purement les limites de toutes
« vos connaissances dans ce champ; car ce n'est qu'à
« cette condition seule qu'on peut espérer de mes
« travaux un profit quelconque pour la science. »

Ces explications réitérées qui étaient de nature à me persuader très raisonnablement que j'avais parfaitement saisi le sujet de la Critique de la Raison, et l'expérience faite que mon écrit avait aussi paru très clair et très intelligible à d'autres personnes qui n'étaient que peu familiarisées avec l'ouvrage même, ou qui ne le connaissaient pas du tout, me semblèrent une invitation à céder au vœu de l'auteur, en donnant à mon exposition plus d'étendue, afin de la rendre encore d'une utilité plus générale. Mais je ne tardai pas à m'apercevoir que je ne pourrais jamais atteindre mon but qu'imparfaitement, et qu'avec toute la clarté possible dans l'exposition du système propre de la Critique, il serait cependant difficile de garantir mon lecteur de tout malentendu si je n'entrais pas dans les détails, et si je ne suivais pas toute la pensée de l'auteur à travers les nombreuses divisions de son livre.

Je me décidai donc, enfin, à la tâche laborieuse de donner l'esquisse de la Critique dans toutes ses parties essentielles, et d'administrer les preuves de toutes ses propositions principales, de manière que chacun puisse en retirer une parfaite connaissance de tout l'ouvrage, sans qu'il soit nécessaire d'y recourir. Mais en même temps, pour faciliter autant que possible la lecture de la Critique à ceux qui aiment à voir de leurs propres yeux, et qui désirent puiser à la source même, je renonçai à ma première résolution, de m'abstenir complétement de la nouvelle nomenclature de l'auteur, et je pris au contraire le parti d'expliquer sur chaque sujet, chemin faisant, les termes scientifiques qui s'y rapportent, sauf toutefois à ne les employer plus tard qu'avec une très grande sobriété. J'espère avoir ainsi contenté chaque classe de mes lecteurs.

Après m'avoir rendu familière la Critique de la Raison pure, j'ai été un moment dans la résolution d'ajouter à mon explication du système de Kant et aux caractères d'un examen méthodique de ce système, l'essai d'une appréciation impartiale et détaillée, mais l'approche de la foire m'en a empêché. J'ajourne donc d'autant plus volontiers cet examen, si le public ne le juge pas indigne de son attention, à l'une des deux plus prochaines foires, que la méditation n'est nulle part plus indispensable que dans une affaire de ce genre. J'aimerais encore mieux que, d'ici là, des hommes doués de connaissances plus profondes et plus étendues rendissent, par une critique fondamentale du système de Kant, ce complément de mon travail entièrement inutile. Je serai déjà fort satisfait si cette publication peut répondre, même partiellement, à la haute opinion qu'en ont donnée au public des savants qui me sont inconnus, dans le douzième numéro du *Journal des Savants* de Gotha pour cette année, et jeter sur la Critique de la Raison pure assez de lumière seulement pour que tout penseur exercé puisse apprendre à en connaître le véritable contenu sans un effort extraordinaire, comme aussi pour qu'aucun philosophe, craignant peut-être de mal interpréter l'auteur, ne soit plus détourné de l'étude de cet ouvrage si important pour la solution finale et si désirée de la question de la vraie méthode et des vraies limites de la philosophie.

CRITIQUE DE LA RAISON PURE

SECTION PREMIÈRE.

Essai d'une claire exposition du contenu de la Critique de la Raison pure.

Préface.

Le but de Kant, dans la *Critique de la Raison pure*, ne va pas à moins qu'à donner à cette faculté une véritable connaissance d'elle-même, à examiner les titres sur lesquels elle fonde la prétendue possession de ses connaissances métaphysiques, et à tracer ainsi les vraies limites qu'elle ne peut légitimement franchir dans ses spéculations, à moins de vouloir s'égarer dans le champ des pures chimères. Une pareille entreprise, sa simple idée même trahit déjà l'esprit philosophique de celui qui l'a conçue.

Introduction.

1-19 (1). Nos connaissances, dit-il, commencent par l'expérience. Mais l'expérience, tout en nous apprenant ce qui est, ne nous dit pas s'il est né-

---

(1) Les numéros placés à la tête des alinéas correspondent à ceux de la troisième édition de la *Critique*, et des sommaires qui l'accompagnent et la résument. — T.

cessairement ainsi et non autrement, par conséquent s'il doit toujours être. La raison s'en trouve donc plus excitée que satisfaite ; car elle aspire aux connaissances universelles et intrinsèquement nécessaires. Il est clair et certain que des connaissances universelles qui sont en même temps marquées d'un caractère de nécessité intrinsèque doivent être indépendantes de l'expérience. C'est pour cette raison qu'on les appelle des *connaissances a priori*, par opposition à ce qui n'est donné que par l'expérience, et qui n'est qu'*a posteriori* ou *empiriquement*. La raison est la faculté qui donne les principes des connaissances *a priori*. La raison pure est donc celle qui renferme les principes nécessaires pour connaître quelque chose parfaitement et absolument *a priori*.

11. Il y a donc, en général, deux sortes de jugements ou propositions possibles, suivant que le prédicat est déjà contenu d'une manière cachée dans le concept du sujet, ou qu'il est entièrement en dehors du concept du sujet. L'auteur appelle *analytiques* les jugements de la première espèce, et *synthétiques* ceux de la seconde ; deux dénominations très bien choisies. Les propositions analytiques n'étendent donc en rien le concept du sujet, car elles n'ajoutent rien à sa matière ; elles décomposent simplement ce qui est déjà conçu réellement, quoique seulement d'une manière confuse, dans le concept, et par conséquent rendent ce concept clair et intelligible. C'est ainsi, par exemple, que la proposition : Tous les corps sont étendus, n'ajoute absolument rien à mon concept de corps ;

elle la résout purement et simplement ; car cette proposition est purement analytique, puisque je conçois déjà réellement l'étendue dans le concept de corps. Des propositions synthétiques au contraire, étendent le concept du sujet, et en agrandissent la connaissance ; car elles ajoutent au concept du sujet un autre concept tout nouveau, qui n'y est pas essentiellement contenu. Telle est, par exemple, la proposition : Quelques corps sont pesants ; proposition synthétique, puisque le concept de corps ne renferme pas en soi le concept de pesanteur. Cette proposition ajoute donc un nouveau concept à celui de corps, et étend ainsi la connaissance que j'en ai déjà.

La possibilité des propositions analytiques est donc facile à concevoir ; car puisqu'elles n'énoncent dans le prédicat que ce qui est déjà renfermé dans le sujet, la liaison du prédicat et du sujet n'a lieu qu'en vertu du principe de contradiction. Les concepts d'une proposition peuvent être ou n'être pas empiriques. Toutes les propositions analytiques, sans exception, sont donc des connaissances *a priori*, parce qu'ici la liaison du prédicat et du sujet ne demande aucune expérience.

12-20. La possibilité des jugements synthétiques *a posteriori* n'est pas moins évidente ; car ici la liaison du prédicat et du sujet se trouve donnée par l'expérience, par exemple, dans la proposition : Quelques corps sont pesants, le prédicat Pesant est lié au concept Corps par l'expérience. La possibilité des propositions synthétiques *a priori* renferme au contraire des difficultés d'autant plus sérieuses qu'en leur qualité de propositions synthétiques, le prédicat n'est pas renfermé dans le concept du sujet; il n'en peut donc être tiré à l'aide du principe de contradiction. En tant que propositions *a priori*, d'un autre côté, la liaison du prédicat au sujet ne dépend pas non plus de l'expérience. Soit, par exemple, la proposition : Tout ce qui arrive a sa cause. Ici le concept d'une Cause indique quelque chose d'entièrement différent de Ce qui arrive, et n'y est absolument pas contenu. Le concept de Cause ne peut donc pas du tout se déduire du concept de Ce qui arrive, à l'aide du principe de contradiction ; la proposition est donc synthétique. Mais comme la proposition n'est pas seulement universelle, comme le prédicat est encore nécessairement lié au sujet, on ne peut pas non plus en appeler, dans cette liaison, à l'expérience; la proposition est donc aussi une proposition *a priori*. Il s'agit donc de savoir comment procède l'entendement, pour ajouter à propos et d'une manière nécessaire, au concept de Ce qui arrive, le concept de Cause, bien que le second soit complétement étranger au premier. Tout le dessein de nos connaissances spéculatives *a priori* repose donc sur ces sortes de propositions synthétiques ; car si les propositions analytiques sont très importantes et très utiles pour donner à nos concepts des objets la clarté nécessaire, elles n'étendent cependant pas nos concepts, ni par conséquent notre connaissance des choses; cette extension n'a lieu que par des propositions synthétiques. La valeur ou la non-valeur de toutes nos connaissances *a priori* dépend donc de la question : *Comment les propositions synthétiques a priori sont-elles possibles?* Avant qu'on ait répondu pertinemment à cette question, il n'y aura que fausse et vaine sagesse à vouloir faire passer pour une proposition *a priori* (universelle et nécessaire) une seule proposition synthétique. Or comme toutes les propositions métaphysiques proprement dites en particulier sont synthétiques et en même temps en dehors du champ de toute expérience possible, telles, par exemple, que celles qui affirment l'immortalité de l'âme, l'existence d'un être premier nécessaire, etc., par conséquent doivent être déjà par leur nature des connaissances *a priori*; il en résulte, malgré le grand nombre de systèmes métaphysiques que nous avons, cette question aussi imprévue que frappante : si en général quelque chose comme la métaphysique est possible?

21-28. On peut donc entrevoir, par ce qui vient d'être dit, de quelle importance est la question qui précède, et quel service l'auteur a déjà rendu à la philosophie, pour avoir soulevé une pareille question et pour avoir montré aussi clairement la nécessité de la résoudre. Mais il a bien mieux mérité encore de tout penseur pour avoir entrepris lui-même la tâche difficile d'essayer la solution de cette question dans sa plus grande et plus complète généralité. C'est là précisément tout le but et toute la matière de sa critique, qu'il a par cette raison nommée justement *Critique de la Raison pure*. Elle n'est pas en effet une appréciation des systèmes philosophiques, c'est un jugement raisonné sur la raison même, sur la manière dont cette raison a le pouvoir et le droit, indépendamment de toute expérience, de lier entre eux des concepts qui sont entièrement étrangers l'un à l'autre, c'est-à-dire de former des propositions synthétiques *a priori*. Si donc on fait attention qu'il s'agit là de mesurer toute la portée de la raison par elle-même, et si je puis dire ainsi, de reconnaître le tout dernier pourquoi du pourquoi, on s'apercevra facilement que cette question est la plus subtile qui ait jamais pu être posée par un philosophe.

29-33. La Critique de la Raison pure a donc uniquement pour objet de rechercher : Si et de quelle manière des connaissances a *priori* sont possibles, et comment on peut les appliquer purement *a priori* à des objets? L'auteur appelle *transcendantales* des connaissances qui enseignent la réponse à ces questions. — Un système de connaissances qui contiendrait en même temps la décomposition analytique de chaque concept qui en fait partie s'appellerait donc *Philosophie transcendantale*. La Critique de la Raison doit donc fournir toute la matière d'une pareille science. Et si cette matière n'est que là, il doit être facile d'ajouter ensuite l'analyse détaillée des concepts qui la constituent. L'auteur divise toute la Critique de la Raison pure en *théorie élémentaire*, et en *théorie de la méthode*. Or, comme il y a deux sources différentes de la connaissance humaine, la *Sensibilité* et l'*Entendement*, la théorie élémentaire comprend deux parties : la *Théorie des Sens* au point de vue transcendantal, ou *Esthétique* transcendantale, et la *Théorie de l'Entendement* au point de vue transcendantal encore, ou *Logique* transcendantale.

Esthétique transcendantale.

34-80. Les deux sources de nos connaissances sont la sensibilité et l'Entendement. Des objets nous sont *donnés* par la première, ils sont *pensés* par la seconde. La Sensibilité est la faculté d'avoir des représentations par la manière dont les objets sensibles nous affectent. On l'appelle encore Réceptivité. La sensibilité nous procure donc des *Intuitions*, c'est-à-dire des représentations qui se rapportent *immédiatement* à l'objet. L'entendement est au contraire la faculté de penser. En conséquence il donne des *Concepts*, c'est-à-dire des représentations qui ne se rapportent à l'objet que *médiatement*, ou à l'aide d'autres représentations. L'action d'un objet sur la faculté représentative, en tant que nous en sommes affectés, s'appelle *Sensation*. Une intuition qui se rapporte à l'objet par le moyen de la sensation, est dite *empirique*; une intuition au contraire qui est pure de tout mélange sensible, est une intuition *pure*. L'objet indéterminé d'une intuition empirique prend le nom d'*apparition* ou *phénomène*. Dans un phénomène, ce qui correspond à la sensation, est la *matière* du phénomène; mais ce qui fait que la diversité du phénomène est ordonnée et perçue dans de certains rapports, est la forme du phénomène. Ce dernier élément ne pouvant pas être encore une sensation, mais devant au contraire précéder toute sensation, comme étant la raison de sa possibilité, cet élément, cette forme doit donc être une représentation *a priori*, qui soit déjà dans notre esprit même ; et comme elle se rapporte immédiatement aux objets sensibles, elle doit être elle-même une intuition. La forme de la sensibilité, ou la condition formelle sous laquelle seule une intuition empirique est possible, est donc elle-même une intuition, mais, à la vérité, une intuition *a priori* pure. De là un premier aperçu de la possibilité des propositions synthétiques *a priori* par rapport aux sciences qui ont la forme de la sensibilité pour objet, puisqu'ici de nouveaux prédicats sont immédiatement donnés par une intuition pure *a priori* à tout concept du sujet.

Et maintenant, toutes nos sensations étant externes ou internes, il doit y avoir deux formes différentes des phénomènes. La forme des phénomènes externes est l'*Espace*; la forme des phénomènes internes est le *Temps*. Car au moyen du sens *externe* nous nous représentons des objets comme *hors de nous*, et comme *en dehors les uns des autres*. Or, ce qui rend cette représentation possible, c'est l'espace. Car les mots *en dehors de moi*, ne signifient autre chose que l'existence dans un autre lieu de l'espace que celui que je remplis moi-même; les mots *en dehors l'un de l'autre*, indiquent simplement l'existence en différents lieux de l'espace. Par conséquent la représentation de l'espace doit déjà servir de base aux représentations des choses hors de nous, et hors les unes des autres. Dans l'espace seul est déterminée ou déterminable la forme des choses extérieures, leur grandeur et leur rapport respectif. L'espace n'est donc que la forme de tous les phénomènes extérieurs. Le sens intime, il est vrai, ne nous donne aucune intuition de l'âme même comme objet; mais l'âme, au moyen du sens intime, perçoit cependant son état interne, et de manière à nous faire concevoir toutes ses déterminations, ou comme *simultanées* ou comme *successives*. Or, la seule chose qui rende cette représentation possible, c'est le temps. En effet, la simultanéité n'est pas autre chose que l'existence dans un temps identique, de même que la succession n'est que l'existence dans un temps différent. Le temps n'est donc, à proprement parler, que la forme de tous les phénomènes internes. Mais comme toutes les représentations qui ont des choses extérieures pour objets, appartiennent également à l'état interne, puisqu'elles sont des déterminations de notre âme, il s'ensuit que le temps est aussi médiatement la forme de tous les phénomènes externes, la forme par conséquent de tous les phénomènes en général, tant internes qu'externes. Au contraire, l'espace n'est tout simplement que la forme des phénomènes externes. L'espace et le temps sont donc les deux formes de la sensibilité, par conséquent des intuitions pures *a priori*.

L'auteur en expose la preuve circonstanciée comme il suit. En effet, il résulte des raisons suivantes que l'espace et le temps ne sont pas des représentations empiriques que nous tirions de l'expérience, que ce sont au contraire des représentations *a priori* :

1° Ces représentations précèdent toute expérience et en sont déjà la raison ; car la sensation des choses extérieures n'est absolument pas possible sans la représentation de l'espace, ni la sensation de notre sens intime sans la représentation du temps.

2° L'espace et le temps sont des représentations absolument nécessaires ; car nous pouvons sans doute faire abstraction de tous les objets qui sont dans le temps et l'espace, nous pouvons les en ôter par la pensée ; mais nous ne pouvons pas ainsi détruire l'espace et le temps eux-mêmes. Or, des représentations qui s'emparent de nous d'une façon toute nécessaire, ne sont pas des produits de l'expérience, ce sont des représentations *a priori*.

3° Tous les axiomes d'espace et de temps entraînent avec eux une certitude apodictique. Par exemple : Différents espaces ne peuvent être successifs, ni différents temps être simultanés ; Entre deux points, il n'y a qu'une seule ligne droite possible, etc. Ces sortes de principes apodictiques ne peuvent être tirés de l'expérience ; ils nous instruisent avant toute expérience, et sont par conséquent des propositions *a priori*. S'ils étaient pris de l'expérience, nous ne pourrions dire qu'une chose : Ainsi l'enseigne la perception commune. Mais nous ne pourrions pas dire : La chose doit être ainsi.

On prouve d'un autre côté que l'espace et le temps

sont, non pas des concepts discursifs ou généraux, mais des *intuitions,* par les raisons suivantes :

1° Nous ne pouvons nous représenter qu'un *seul* espace et un *seul* temps ; si bien que, lorsqu'il est question de différents espaces et de différents temps, ces espaces n'indiquent que des parties d'un seul et même espace, et ces temps que des parties d'un seul et même temps. De plus, nous ne nous représentons pas ces parties comme des éléments intégrants, dont l'espace unique et universel, dont le temps unique et universel encore, seraient composés ; nous ne concevons au contraire les parties de l'espace que dans l'espace, et les parties du temps que dans le temps. L'espace et le temps étant essentiellement uns, en telle sorte qu'ici le tout n'est pas possible au moyen des parties, mais bien au contraire les parties par le tout seulement, l'espace et le temps ne sont donc pas des concepts généraux ; ce sont des représentations immédiates, par conséquent des intuitions.

2° Tous les principes touchant l'espace et le temps sont des propositions *synthétiques*, par exemple : La ligne droite est le plus court chemin entre deux points ; Différents temps ne peuvent être simultanément, etc. Or, comme des propositions synthétiques ne peuvent jamais résulter de simples concepts généraux, l'espace et le temps sont donc, non des concepts généraux, mais des intuitions.

3° Nous nous représentons l'espace et le temps comme des grandeurs infinies, par conséquent toutes les grandeurs déterminées de leurs parties ne sont possibles qu'à titre de *limitations* de l'espace infini et du temps infini, et nullement en partant d'un concept général d'espace et de temps. Si l'espace et le temps n'étaient pas des intuitions, mais des concepts généraux, aucun concept de grandeur et de rapports dans l'espace et le temps ne serait possible.

L'espace et le temps n'ayant rien d'empirique, étant au contraire des représentations *a priori* pures, n'étant pas des concepts généraux, mais bien des intuitions *a priori*, ils sont par conséquent des intuitions *a priori* pures. Elles ne peuvent l'être, d'un autre côté, qu'autant qu'on les considère comme des formes originelles de la sensibilité, sous lesquelles seulement nous pouvons avoir une intuition empirique des objets. La Géométrie ayant pour objet l'espace, et l'Arithmétique les nombres, et compter n'étant possible qu'au moyen du temps, on voit clairement à quelles conditions la géométrie et l'arithmétique, c'est-à-dire les mathématiques pures, sont possibles. C'est qu'en effet tous les concepts mathématiques ont pour fondement une intuition pure qui est comme la matière de propositions synthétiques *a priori*. On voit donc par là non seulement la raison pour laquelle les mathématiques pures sont une science rationnelle pure, dont les propositions sont toutes *a priori*, et pourquoi, par conséquent, elles sont apodictiquement certaines, mais aussi pourquoi leur évidence est la plus grande de toutes : c'est que le mathématicien peut et doit construire tous ses concepts, c'est-à-dire les exposer en une intuition pure.

De là enfin des conséquences très dignes de remarque tirées par l'auteur :

1° L'espace et le temps ne sont pas des créations d'une fantaisie poétique ; ce sont les deux formes de notre sensibilité, c'est-à-dire les conditions subjectives sous lesquelles seules peuvent apparaître les objets, soit à notre sens interne, soit à notre sens externe. Ils ont ainsi un rapport nécessaire avec les objets, c'est-à-dire avec les phénomènes, et possèdent à cet égard une réalité *objective*. Donc tout ce qui doit être un objet de notre intuition externe doit non seulement se trouver dans l'espace, et tout ce qui doit être en général un objet de notre intuition interne se trouver dans le temps ; mais tout ce qui peut s'affirmer de l'espace et du temps doit aussi cadrer de la manière la plus précise avec ce qui est dans l'espace et dans le temps. Puisque la capacité du sujet d'être affecté par les objets précède nécessairement toutes les intuitions de ces objets, on comprend comment la forme de tous les phénomènes doit précéder dans l'esprit toutes les perceptions réelles, comment, par conséquent, elle doit être *a priori*.

2° Mais précisément de ce que l'espace et le temps sont de simples formes de la sensibilité, rien autre chose par conséquent que des *conditions subjectives* sous lesquelles seules une intuition des sens est possible, l'espace et le temps ne sont alors ni quelque chose d'existant par soi-même, ni des propriétés et des manières d'être inhérentes aux choses en soi. Ils n'existent donc qu'à titre pur et simple de représentations en nous, représentations qui tiennent à notre sensibilité comme conditions nécessaires de son exercice ; en telle sorte que si l'on fait abstraction des conditions subjectives de notre intuition humaine, l'espace et le temps ne sont plus que des choses purement *idéales*, c'est-à-dire rien. D'où il faut conclure qu'alors même que la forme des phénomènes extérieurs, l'espace, est de telle nature qu'il nous est représenté par notre esprit comme quelque chose qui se trouve *hors de nous*, il n'existe toutefois que dans notre représentation, et n'est absolument rien en dehors d'elle.

3° D'où il faut conclure que nous ne pouvons pas dire que les choses que nous appelons *extérieures*, et que, grâce à la nature de notre sensibilité, nous nous représentons *dans l'espace, comme étendues, figurées, impénétrables, mobiles*, etc., occuperaient encore un espace *par elles seules*, seraient encore *en soi* étendues, impénétrables, mobiles, auraient encore une forme, etc., si elles cessaient d'être envisagées par rapport à la représentation sensible que nous nous en faisons. Car nous n'en affirmons tous ces prédicats qu'autant qu'elles sont des objets de notre sensibilité, et qu'elles nous apparaissent comme telles. Mais nous ne pouvons absolument pas juger si les intuitions des autres êtres pensants sont précisément soumises à cette même forme, et si par conséquent ils ne pourraient pas percevoir sous une toute autre forme les choses qui nous sont représentées par notre sensibilité, *dans l'espace, étendues*, etc. Nous ne pouvons donc absolument pas dire que les choses qui nous apparaissent comme hors de nous, dans l'espace, et étendues, aient encore en *elles-mêmes* ces propriétés. Il faut dire la même chose des objets de notre sens *interne*. Ce sens nous représente les choses externes et les choses internes dans le temps, ou comme simultanées ou comme successives, par conséquent muables. Mais nous pouvons aussi peu dire ici que cette simultanéité ou cette succession, et ce que nous nous représentons en elles comme un changement, soient des propriétés qui leur conviennent lorsqu'on les considère *en elles-mêmes*, et que tout être pensant en général se représente ces choses avec ces mêmes qualités. Nous connaissons donc les choses uniquement comme elles nous apparaissent; elles ne sont donc pour nous rien de plus que des *apparitions* ou des *phénomènes*. Nous ne savons rien de ce qu'elles peuvent être *en elles-mêmes*, et nous n'en pouvons rien savoir; bien loin de là, le quelque chose qui sert de fondement à ces phénomènes, et qui se montre à nous, en conséquence de notre nature sensible, comme étendu, muable, etc., nous est absolument inconnu en soi et dans ses propriétés essentielles ou propres. Ce quelque chose d'inconnu, l'auteur l'appelle en conséquence l'*objet transcendantal* des phénomènes; il est donc le même pour nous dans tous les phénomènes, c'est-à-dire un quelque chose d'inconnu $= x$.

LOGIQUE TRANSCENDANTALE.

PREMIÈRE DIVISION.
Analytique transcendantale.

81-100. Après avoir determiné les formes de la sensibilité, l'auteur passe aux formes de la pensée. La science de ces dernières prend le nom de *logique transcendantale*. La logique *générale* s'occupe de la forme de la pensée en général, ou de ces règles de l'entendement auxquelles toutes nos connaissances, sans distinction, doivent être conformes. Elle fait donc abstraction de tout contenu, de toute matière des connaissances, ne se préoccupe nullement de leur origine, de savoir si les concepts sont empiriques ou purs, et à quels objets ils peuvent se rapporter. La logique *transcendantale*, au contraire, a précisément affaire au contenu ou à la matière de nos connaissances, ainsi qu'à leur origine. Car elle doit justement rechercher si et de quelle manière l'entendement peut produire des propositions synthétiques purement *a priori*; comment des concepts que l'entendement se fait à lui-même, et qui par conséquent sont en nous quelque chose de purement subjectif, peuvent néanmoins avoir un rapport aux objets, par conséquent une réalité objective; et enfin quelle est la limite dans laquelle l'usage de nos connaissances *a priori* doit être renfermé.

Cette recherche ne pouvant s'exécuter que par une analyse exacte et complète de toute la faculté de l'entendement, toute la logique transcendantale n'est à proprement dire qu'une analytique de tous les concepts et de tous les principes *a priori*. Toutefois, la raison étant très portée, dans l'usage de ses connaissances *a priori*, à franchir les vraies limites, et essayant très souvent de juger des objets avec la seule logique générale, qui n'a cependant rien à faire avec les objets de la connaissance, elle s'édifie de la sorte des systèmes nombreux qui n'ont d'autre fondement que la simple apparence et des raisonnements sophistiques.

L'auteur appelle donc *Dialectique* transcendantale la mise en évidence de cette apparence trompeuse, qui est aussi l'objet de la logique transcendantale. La logique transcendantale se divise donc en deux parties, en *Analytique* et en *Dialectique* transcendantales. La première se subdivise à son tour en deux livres, l'Analytique des *Concepts* et celle des *Principes*.

I.

Analytique des concepts.

101-182. La sensibilité nous procure des intuitions, mais toutes ces intuitions seraient aveugles, dépourvues de pensées, si l'entendement ne les *pensait* pas, c'est-à-dire s'il n'en réunissait pas la diversité en un concept, et n'en jugeait pas. De même donc qu'il y a des formes de la sensibilité qui permettent de percevoir la diversité phénoménale ordonnée dans de certains rapports, il doit également y avoir des *formes de la pensée* qui permettent de concevoir la diversité de nos représentations (que ces représentations soient des intuitions ou des concepts), coordonnée suivant certains rapports déterminés. Ces formes primitives de la pensée ne peuvent donc pas être des intuitions ; car l'entendement humain est aussi peu capable de percevoir que les sens de penser. Ce sont donc des concepts. Et comme tout acte de pensée n'est possible que par elles, ces *formes* doivent être des *concepts nécessaires*, par conséquent n'avoir rien d'empirique ou provenant de l'expérience ; elles doivent au contraire, à titre de concepts purs *a priori*, avoir leur siège dans l'entendement où elles servent de base à toute pensée. Il y a donc des concepts purs *a priori* qui contiennent les formes ou les conditions subjectives de toute pensée. Or penser et juger sont des opérations identiques, car des concepts sont toujours des prédicats de jugements possibles ; il doit donc y avoir autant de concepts intellectuels purs qu'il y a d'espèces de jugements. Déjà la logique nous apprend d'une manière très satisfaisante quelles sont ces sortes de jugements, et l'auteur les expose en conséquence intégralement dans la table suivante :

Les jugements sont donc :

1° Quant à la Quantité : généraux, particuliers, singuliers ;

2° Quant à la Qualité : affirmatifs, négatifs, indéfinis ;

3° Quant à la Relation : catégoriques, hypothétiques, disjonctifs ;

4° Quant à la Modalité : problématiques, assertoriques, apodictiques.

Cette division des jugements semble s'éloigner dans certaines parties de la technique habituelle des logiciens ; il faut donc observer ce qui suit pour prévenir un malentendu :

1° En ce qui regarde l'usage des jugements dans les raisonnements rationnels, les logiciens disent avec raison que l'on peut regarder les jugements *singuliers* comme les *universels*. Par la raison en effet qu'ils n'ont aucune extension collective, leur prédicat, comme dans les jugements universels, se rapporte à tout ce qui est contenu dans le concept du sujet. Mais si l'on compare un jugement singulier avec un jugement universel, simplement comme connaissance, quant à la quantité, on reconnaît que le premier est au second comme l'unité à l'indéfini, et qu'il en diffère par conséquent d'une manière essentielle.

2° Les jugements *indéfinis* sont regardés avec raison par la logique générale comme *affirmatifs*, parce qu'elle ne regarde pas à la matière du prédicat, qu'elle ne se demande pas s'il est affirmatif [positif] ou négatif ; elle ne se préoccupe que de la seule question de savoir s'il est attribué au sujet, ou s'il est mis en opposition avec lui. Lors, par exemple, que je dis : L'âme n'est pas un être mortel, c'est comme si je disais : L'âme est un être non mortel. Mais si l'on fait en même temps attention à la matière du prédicat, ainsi que l'exige la logique transcendantale, un jugement indéfini ne signifie proprement qu'une chose, c'est que je dois limiter la circonscription indéfinie de la connaissance par le fait que j'en sépare le prédicat, et que je place le sujet dans l'autre circonscription restante, également indéfinie. Les jugements indéfinis doivent donc, à cet égard, être réellement distingués des jugements affirmatifs. Lors, par exemple, que je dis : L'âme n'est pas mortelle, c'est tout comme si je disais : L'âme est une des choses en nombre indéfini qui restent, quand je viens à circonscrire la sphère indéfinie du possible de manière à en détacher tout ce qui est mortel.

3° Dans les jugements catégoriques, on considère le rapport respectif des prédicats au sujet ; dans les hypothétiques, le rapport du principe à la conséquence ; dans les disjonctifs, le rapport de la connaissance divisée et de tous les degrés [membres] de la division. Dans un jugement disjonctif il y a donc une certaine communauté de connaissances, qui consiste en ce qu'elles s'excluent mutuellement, mais de telle façon cependant qu'elles déterminent dans leur ensemble la vraie connaissance, puisque leur réunion constitue la matière d'une connaissance unique donnée. Si je dis, par exemple : Le monde existe ou par l'effet d'un hasard aveugle, ou en vertu d'une nécessité intrinsèque, ou comme effet d'une cause externe, chacune de ces propositions exprime une partie de la connaissance possible à propos de l'existence du monde, et toutes ensemble la sphère entière de cette connaissance.

4° La modalité des jugements a cela de particulier qu'elle ne contribue en rien à la matière du jugement, qu'elle ne concerne au contraire que la valeur de la copule par rapport à la pensée en général. Des jugements sont *problématiques* quand on regarde l'affirmation ou la négation comme simplement *possible* (arbitraire); *assertoriques*, quand on la considère comme *réelle* (vraie); *apodictiques*, quand on l'envisage comme *nécessaire*. Ainsi, par exemple, dans un jugement disjonctif, toutes les propositions sont problématiques; dans un jugement *hypothétique*, l'hypothèse est problématique et la thèse assertorique.

En conséquence de cette différence des jugements, l'auteur nous donne dans la table suivante tous les concepts rationnels purs, concepts qu'il nomme avec Aristote *Catégories*.

Les concepts intellectuels purs sont :

1° Pour la *quantité* : unité, multiplicité, totalité;

2° Pour la *qualité* : réalité, négation, limitation;

3° Pour la *relation* : substance, cause, communauté [réciprocité];

4° Pour la *modalité* : possibilité, existence, nécessité.

Ces concepts intellectuels purs ne concernant que la simple forme de la pensée, n'ont en eux-mêmes aucune matière, c'est-à-dire aucun rapport à quelque objet que ce soit; ils sont au contraire en eux-mêmes parfaitement vides et ne peuvent produire aucune connaissance. Et comme, en leur qualité de concepts *a priori*, ils ne peuvent non plus être pris d'aucune expérience, il en résulte cette question : Comment pouvons-nous légitimement les appliquer dans nos jugements à tous les objets réels; c'est-à-dire comment des concepts *a priori* peuvent-ils se rapporter à des objets? — L'auteur appelle la réponse à cette question, la *déduction* de ces concepts (par analogie à la solution de la question : *Quid juris*, solution que les jurisconsultes appellent aussi déduction). Or, cette déduction, la voici : Ce qui se rapporte immédiatement à l'objet, c'est une intuition. Or, notre entendement ne peut rien percevoir ; donc tout concept intellectuel ne se rapporte aux objets que d'une manière médiate, à savoir, à l'aide d'une intuition. Ce qui veut dire qu'un concept de cette nature doit toujours avoir pour matière ou pour objet une intuition ou un phénomène ; autrement il serait absolument vide et sans signification aucune. Or, comme un concept pur n'est autre chose que la simple forme de la pensée ou du jugement, il ne peut se rapporter aux objets qu'à la condition de servir à la forme des jugements synthétiques par rapport aux phénomènes. Maintenant, un concept pur *a priori* emporte avec soi les caractères d'universalité et de nécessité intrinsèque; il rend donc nécessaire et universellement valable la liaison des phénomènes dans le jugement synthétique (par exemple dans le jugement : L'apparition du soleil est la cause de l'échauffement de la pierre, le concept de cause fait voir que la pierre doit nécessairement s'échauffer toutes les fois qu'elle est assez longtemps exposée à l'action du soleil). Mais un jugement qui présente les phénomènes comme universellement valables et nécessaires, est un *jugement d'expérience*. Les concepts intellectuels purs ne peuvent donc se rapporter aux objets qu'autant qu'ils donnent la forme aux jugements d'expérience. Leur valeur objective tient donc uniquement à ce qu'ils rendent l'expérience possible.

Une fois que l'auteur a eu démontré, par la déduction des concepts intellectuels purs, qu'ils ne peuvent être rapportés aux objets qu'à la condition de rendre l'expérience possible, il recherche ensuite quelles sont les sources subjectives, c'est-à-dire les capacités ou facultés de l'âme qui constituent le fondement *a priori* de la possibilité de toute expérience : ce sont les *Sens*, l'*Imagination* et l'*Apperception*.

Par les sens des intuitions nous sont données, et ces intuitions, lorsqu'elles sont unies avec conscience, s'appellent *perceptions*. En fait, toute intuition comprend une diversité, par conséquent différentes perceptions, mais qui, à l'état où les sens les fournissent, sont en elles-mêmes isolées dans notre esprit et comme autant de perceptions singulières. De cette diversité de l'intuition doit cependant sortir une représentation unique, mais il faut nécessairement à cet effet d'abord parcourir toute cette diversité, la reconnaître ; il faut ensuite en unir ou composer les éléments divers. Et comme les sens sont eux-mêmes inhabiles à cette œuvre, puisque toute leur mission se borne à recevoir des impressions, sans qu'ils puissent les assortir et les lier en faisceau, il faut nécessairement qu'il y ait en nous une faculté active qui en soit capable. Or cette faculté, c'est l'*Imagination*. L'imagination doit donc dans son activité, d'abord recueillir et en quelque sorte reconnaître, c'est-à-dire *appréhender* les différentes impressions, ou la diversité de l'intuition; elle doit ensuite lier cette diversité et en former une image. L'auteur appelle cette liaison de la diversité de l'intuition, la *synthèse de l'appréhension dans l'intuition*. Or cette compréhension (*Zusammennehmen*) du divers a de plus un caractère constant de succession, et n'est par conséquent possible qu'à la condition d'embrasser par la pensée une à une ces représentations diverses. Mais il faut pour cela que je reproduise dans mon esprit, en passant aux représentations qui suivent, les représentations qui précèdent; autrement, si je perdais de vue les premières représentations en passant aux suivantes, elles ne pourraient jamais se lier dans mon esprit; jamais par conséquent elles ne pourraient former une représentation entière. L'imagination doit donc avoir aussi une faculté de reproduction pour rattacher les perceptions antérieures aux suivantes, et en étaler ainsi l'entière série. La synthèse de l'appréhension dans l'intuition doit, en *second lieu*, accompagner constamment la *synthèse de la reproduction dans l'image*.

Toute reproduction dans la série des représentations serait vaine cependant, si nous n'avions pas conscience que ce que nous pensons est la même chose que ce que nous pensions un instant auparavant. Du divers, successivement perçu et ensuite reproduit, doit donc résulter une pensée ou concept. La *conscience* ou l'*apperception* doit donc intervenir en *troisième lieu* pour colliger ou réunir le divers [ainsi perçu et reproduit] en une seule représentation, par conséquent pour donner de l'unité à la synthèse de l'appréhension et de la reproduction, et pour former de cette synthèse un seul tout. C'est ce que l'auteur appelle la *synthèse de la recognition dans le concept*.

La possibilité de l'expérience suppose donc une triple synthèse, à savoir celle de l'*appréhension* dans l'intuition, celle de la *reproduction* dans l'image, et celle de la *recognition* dans le concept au moyen de l'apperception ou de la conscience.

Ce qui fait par conséquent que toutes nos intentions ne sont qu'une pensée, qu'il en peut résulter une connaissance unique, c'est la *conscience* de l'*identité* de nos représentations appréhendées et reproduites. Or, ces représentations font partie de notre état interne. La conscience pensée consiste donc dans la conscience de l'identité de notre état interne. Mais celle-ci a sa raison dans la sensation par le sens intime; elle est donc purement empirique. Cette conscience empirique à son tour suppose nécessairement une conscience pure, qui la précède *a priori*, et qui seule la rend possible. Car notre état interne étant labile et muable, la conscience empirique de notre état interne est lui-même changeant. Nous ne pouvons donc jamais savoir que notre état interne, que nous nous serions représenté auparavant, est bien le même, si une conscience immuable, nécessaire de nous-mêmes ne lui servait de fondement *a priori* avant toute expérience. Cette *conscience immuable pure*, que l'auteur appelle *apperception transcendantale*, est donc ce qui lie *a priori* toutes nos représentations diverses en un concept, et qui donne à leur synthèse ou liaison l'unité nécessaire. L'unité de la liaison de nos représentations diverses, par conséquent la possibilité de toute expérience, repose donc sur un principe nécessaire *a priori*, c'est-à-dire sur l'unité de la conscience pure et immuable que nous avons de nous-mêmes.

Mais si l'unité de la liaison de nos représentations se fonde sur un principe nécessaire *a priori*, la liaison de nos représentations diverses doit elle-même avoir pour fondement un principe nécessaire *a priori*. Car s'il en était autrement, si l'imagination appréhendait, associait et reproduisait le divers de l'intuition d'une manière fortuite, ces représentations diverses ne seraient que des amas confus, sans enchaînement déterminé; aucune unité nécessaire *a priori* ne pourrait par conséquent résulter de leur liaison indéterminée et tout à fait contingente.

Ainsi donc, et la liaison du divers de l'intuition de l'appréhension et de la reproduction, et l'unité de de cette liaison, unité qui en fait une pensée, reposent sur des conditions nécessaires, qui résident déjà dans l'entendement avant toute expérience, qui ont par conséquent un caractère *a priori*, et qui rendent ainsi toute connaissance, et par suite aussi toute expérience possibles. Or, la représentation d'une condition d'après laquelle une certaine diversité peut être liée s'appelle une *règle*, et une *loi* si cette liaison est nécessaire. La possibilité de l'expérience repose donc sur certaines règles et sur certaines lois intellectuelles *a priori*. Or, ces règles et ces lois de l'entendement supposent des concepts purs *a priori*. La possibilité de l'expérience est donc fondée sur des concepts intellectuels purs *a priori*. D'un autre côté, comme ce qui rend avant tout possible une connaissance quelconque, est appelé la forme de cette connaissance, les concepts intellectuels purs ou catégories sont donc la forme de toute connaissance expérimentale possible. Les catégories ont par conséquent un rapport nécessaire à tous les objets de l'expérience possible, c'est-à-dire à tous les phénomènes. Si bien que les phénomènes n'ont de liaison constante et d'unité, qu'ils ne méritent le nom de tout régulier ou d'expérience véritable, que par les catégories. Telle est la manière évidente dont les concepts intellectuels purs se rapportent *a priori* aux objets, la manière dont ils peuvent avoir une réalité *objective*, la manière enfin dont leur déduction est démontrée.

Loin donc que les concepts intellectuels purs tirent leur origine de l'expérience, et en soient produits, c'est au contraire l'expérience qui tire d'elle seule son origine et toute sa possibilité. Mais comme ils ne renferment que les formes de toute connaissance des objets, ils n'ont en eux-mêmes aucune matière, et n'indiquent par conséquent par eux-mêmes aucun objet, ou quoi que ce soit de la matière de la connaissance ; ils ne renferment en eux-mêmes que les conditions universelles sous lesquelles l'entendement peut connaître des objets qui sont toujours donnés immédiatement de quelque autre part. Mais comme des objets ne peuvent être immédiatement donnés d'aucune autre manière que par la sensibilité, les concepts intellectuels purs ne peuvent donc être rapportés qu'à des objets de la sensibilité, par conséquent à des *phénomènes* seulement. Vouloir les rapporter à des *choses en soi* serait donc en faire des concepts tout à fait vides, sans aucun objet, par conséquent sans réalité objective, et par suite sans matière, sans signification aucune. L'entendement est donc aussi incapable que la sensibilité de nous dire ce que sont les choses en elles-mêmes. Tout aussi peu donc que nous pouvons dire que les choses en soi sont dans l'espace et dans le temps, tout aussi peu pouvons-nous dire également que les choses en soi ont une quantité, qu'elles sont des substances, qu'elles sont en rapport de cause et d'effet, etc.

Quand on rapporte un concept à des phénomènes, on en fait, dit l'auteur, un *usage empirique*. Le rapporte-on, au contraire, aux choses en soi, son *usage* est alors *transcendantal*. Les concepts intellectuels purs sont donc d'un usage purement empirique, et nullement d'un usage transcendantal.

II.
Analytique des principes.

183-391. Les concepts intellectuels purs ne renferment, comme on l'a fait voir, rien de matériel ou du contenu de la connaissance ; ils en sont simplement la forme intellectuelle, c'est-à-dire les conditions universelles, ou des règles auxquelles doivent être subsumés tous les phénomènes. Subsumer quelque chose à des règles, c'est-à-dire distinguer si ce quelque chose est ou n'est pas soumis à une règle donnée, c'est *juger*, et la faculté de le faire s'appelle *jugement*.

Le *jugement* est donc nécessaire pour que l'usage des concepts intellectuels purs soit légitime. Or, la logique générale ne donne point de préceptes pour le jugement. Faisant abstraction de toute matière de la connaissance, elle ne peut qu'expliquer analytiquement la simple forme de la connaissance dans les concepts, les jugements et les raisonnements, et donner des règles formelles pour tout usage de l'entendement en général, mais sans faire voir comment on doit subsumer à ces règles, c'est-à-dire comment on doit distinguer si quelque chose y est ou n'y est pas soumis. La logique ordinaire peut donc bien former l'entendement, l'instruire, le munir de règles ; mais elle n'a pas la même mission à l'égard du jugement. Le jugement est une aptitude particulière qui n'apprend rien, mais qui veut seulement être exercée, et qui constitue ainsi l'essence (*Spezifische*) de ce qu'on appelle l'esprit naturel, dont le défaut ne peut être réparé par aucune étude. L'unique, la grande utilité des exemples ici, c'est donc de rendre le jugement plus pénétrant. Ils lui servent en quelque sorte de véhicule (*Gangelvagen*), et l'exercent dans l'application des règles à des cas particuliers, tout en nuisant généralement à la justesse et à la précision de l'entendement, parce qu'ils remplissent rarement d'une manière parfaite la condition de la règle, et qu'ils ne font d'ordinaire servir les règles générales que d'une manière mécanique, et comme de simples formules. Mais si la logique générale ne peut pas donner des préceptes au jugement; il en est tout différemment de la logique transcendantale. Elle s'attache expressément à la matière de la connaissance; son affaire propre est d'apprendre à faire une application légitime des concepts purs, ou des règles de l'entendement aux objets; c'est-à-dire de faire voir si un objet est soumis ou non à ces règles, et de quelle manière; de prévenir, en sa qualité de critique, les faux pas du jugement (*lapsus judicii*) dans l'usage du petit nombre de concepts intellectuels que nous possédons. Et, dans le fait, cette utilité, quoique purement négative, est l'utilité véritable et propre de la philosophie, celle à laquelle doit justement tendre toute sa pénétration, toute son habileté de discernement, attendu que toutes les tentatives jusqu'ici faites prouvent suffisamment que la philosophie, comme doctrine qui pense ouvrir à l'entendement le champ de connaissances pures *a priori*, n'y peut absolument rien.

Mais on se demande : *Comment il est possible de subsumer des objets à de purs concepts intellectuels?* Car dans toutes les subsomptions d'un objet à un concept, la représentation du premier doit être *de même nature* que le dernier, c'est-à-dire que le concept doit contenir ce qui est représenté dans l'objet à lui subsumé ; c'est précisément là le sens de cette expression : Un objet doit être contenu sous le concept (1). C'est ainsi, par exemple, que je puis subsumer un plat, une assiette, au concept de cercle, uniquement parce que dans le plat comme dans le cercle je me représente la rondeur ; la représentation du plat et celle du cercle sont donc de même nature. Mais des concepts intellectuels purs sont exclusivement applicables à des phénomènes ; et cependant des concepts intellectuels et des phénomènes n'ont absolument rien d'identique, puisque ceux-là ont pour source unique l'entendement, et ceux-ci la sensibilité seule. De là donc la question si naturelle et si importante : Comment on peut appliquer à des phénomènes des concepts intellectuels purs. Si le fait doit être possible, il est donc nécessaire qu'il y ait une troisième chose qui ait quelque identité, d'une part avec le concept intellectuel pur, d'autre part avec le phénomène, et qui rende possible l'application du pre-

---

(1) Le texte dit tout le contraire (ein Begriff sey unter dem Gegenstande enthalten, p. 44); mais nous croyons que c'est une faute. Ce n'est pas la seule de ce genre : nous en avons rectifié une semblable, où extérieur (aeussern, p. 25) est évidemment mis pour intérieur. On pourrait cependant dire à la rigueur que le concept est soumis à l'objet, en ce sens qu'il s'y applique et s'y trouve uni, comme le temps s'unit aux phénomènes, y est contenu. — T.

mier au second. Cette représentation moyenne (*Vermittelnde, moyennante*), est ce que l'auteur appelle *schème* transcendantal; le procédé de l'entendement à cet égard, est le *schématisme* des concepts intellectuels purs. Ce schème, c'est le *temps*. Le temps, en effet, n'est pas seulement une intuition *a priori*, c'est aussi la condition formelle de tout phénomène en général. Le temps, par cela non seulement qu'il ne repose pas sur une règle *a priori*, mais qu'il est aussi universel, est donc de même nature que tout *concept intellectuel*. D'un autre côté, le temps étant aussi la forme de tout phénomène, y étant toujours contenu, est par cette raison aussi de même nature que tout phénomène. La subsomption d'un objet à un concept intellectuel pur, ou l'application de ce dernier au premier n'est donc possible que par l'intermédiaire de la *détermination de temps;* cette détermination est donc le schème transcendantal de tous les concepts intellectuels.

Il faut distinguer ce schème d'un concept d'avec l'image [ou figure] du concept. Le schème n'indique que le procédé général de donner à un concept son image. Ainsi, quand je dispose trois points à la suite l'un de l'autre..., c'est une image du nombre trois. Quand au contraire je pense un nombre en général, quel qu'il soit, par exemple, mille, je ne pense plus une image, mais simplement une méthode pour représenter une multiplicité en une image, d'accord avec le concept du nombre, bien que je puisse rarement embrasser du même coup d'œil cette image, surtout dans les grands nombres, et la comparer avec le concept numérique. Dans le fait, ce ne sont pas des images des objets, mais des schèmes, qui servent de base à nos concepts purs. Car aucune image de l'objet ne saurait cadrer parfaitement avec un concept pur de cet objet. C'est ainsi que jamais aucune figure ne peut être adéquate au concept d'un triangle en général, parce qu'elle ne peut jamais atteindre la généralité du concept, ce concept convenant à tous les triangles possibles. Nous n'avons donc dans notre pensée que le simple schème d'un triangle en général, c'est-à-dire une règle d'après laquelle l'imagination, d'accord avec un certain concept universel, détermine notre intuition; c'est ainsi précisément que le concept de Chien indique une règle suivant laquelle mon imagination peut esquisser la forme d'un quadrupède en général, sans s'astreindre à aucune des formes particulières que m'offre l'expérience.

L'*image* pure de toutes les quantités extérieures (*quantorum*) c'est l'*espace*, et l'*image* pure de tous les objets des sens en général, c'est le *temps*. Mais le *schème* pur de la grandeur ou quantité (*quantitatis*), comme concept intellectuel pur, c'est le *nombre*, c'est-à-dire une représentation qui embrasse l'addition successive d'une chose à une autre (de même nature). Le nombre n'est donc que l'unité de la synthèse du divers dans l'intuition en général, par le fait que je produis le temps lui-même dans l'appréhension de l'intuition.

Le schème de la *réalité*, c'est-à-dire ce qui correspond à une sensation en général, et dont le concept indique par conséquent une *existence* (dans le temps), est la *production continue* de cette sensation dans le temps. En effet, l'on descend de la sensation qui a une certaine quantité [intensité] dans le temps jusqu'à ce qu'elle s'évanouisse, ou l'on s'élève du néant de la sensation jusqu'à une certaine quantité de cette même sensation.

Le schème de la *substance* est la *permanence* du réel dans le temps, c'est-à-dire la représentation du réel comme d'un substratum des déterminations empiriques de temps qui subsiste pendant que tout le reste change. Le schème de la *causalité* est la succession du divers, en tant qu'elle est soumise à une règle. Le schème du *commerce* des substances est la *simultanéité* des déterminations de l'une avec les déterminations de l'autre, suivant une règle universelle. Le schème de la *possibilité* est la liaison harmonique de différentes représentations avec les *conditions du temps en général*, par conséquent la détermination de la représentation d'une chose *pour un temps quelconque*. Le schème de l'*existence* (Wirklichkeit) est l'existence dans un *temps déterminé*. Le schème de la *nécessité* est l'existence pour *tous les temps*.

En réunissant tout cela, il est clair que le schème de la *quantité* contient et rend présentable la *production* du temps même ou la *série de temps* ; le schème de la *qualité*, la *répétition* du temps, ou le *contenu de temps* ; le schème de la *relation*, le rapport des perceptions entre elles pour *tous les temps*, ou l'*ordre de temps*; le schème de la *modalité*, le temps comme *corrélatif* de la détermination d'un objet, c'est-à-dire si et comment cet objet appartient au temps, ou l'*ensemble de temps* par rapport à tous les objets possibles; — et que par conséquent les schèmes des concepts intellectuels purs ne sont autre chose que des *déterminations de temps a priori* suivant des règles. Le temps est donc la forme propre du sens intime. C'est la conséquence de ce fait, que les schèmes des concepts intellectuels purs n'ont d'autre fin que de donner de l'unité à la liaison du divers de l'intuition dans le sens intime, et indirectement de mettre ainsi de l'unité dans la conscience; comme aussi de ce qu'ils sont les conditions véritables et uniques sous lesquelles des concepts intellectuels purs peuvent avoir un rapport avec des objets, par conséquent une réalité objective. Mais comme ces schèmes sont tous des déterminations de temps, et ne regardent par conséquent que la forme de la sensibilité, il s'ensuit aussi que la réalité objective des concepts intellectuels est restreinte à des conditions qui sont hors de l'entendement, à savoir, dans la sensibilité, et que ces conditions ne sont par conséquent pas valables pour les objets tels qu'ils *sont en eux-mêmes*, mais seulement pour les objets tels *qu'ils nous apparaissent*.

L'auteur, après avoir ainsi établi les schèmes ou conditions sous lesquelles les concepts intellectuels purs peuvent être rapportés à des objets, passe à la recherche de tous les principes de l'entendement pur.

Le principe suprême de tous les jugements *analy-*

tiques est le principe de contradiction, ainsi conçu : *Un prédicat ne convient pas à une chose à laquelle il répugne*. Ce principe est la condition universelle de *tous les jugements possibles*, quel que soit l'objet auquel ils peuvent se rapporter, puisque tout jugement qui se contredit lui-même, n'est déjà rien en soi, abstraction faite de sa matière, attendu qu'il se détruit lui-même. Ce principe est donc le principe universel et pleinement suffisant de tous les *jugements analytiques*. Car le concept du prédicat, dans ces jugements, étant déjà contenu dans le concept du sujet, on nie toujours avec raison du sujet, dans le prédicat, le contraire [de ce prédicat], de même qu'on y affirme justement du prédicat le concept du sujet. Mais le principe de contradiction est une *conditio sine qua non* pour des jugements synthétiques, il n'en est pas un principe suffisant de vérité. En effet, le concept du prédicat n'étant point contenu dans le concept du sujet, on peut nier ou affirmer indifféremment l'un de l'autre sans qu'il y ait la moindre contradiction. Ainsi, par exemple, il n'y a aucune contradiction, ni dans la proposition : L'apparition du soleil est la cause de la chaleur, ni dans la proposition : L'apparition du soleil n'est pas la cause de la chaleur. On a jusqu'ici donné au principe de contradiction l'apparence d'une proposition synthétique, en y introduisant le concept du temps, et en la formulant ainsi : Il est impossible que quelque chose soit et ne soit pas *en même temps*. Mais dans cette formule, non seulement le mot *impossible* est entièrement superflu, puisqu'il se trouve déjà dans la proposition : Une chose ne peut pas être et n'être pas en même temps ; mais, de plus, le mot *en même temps* n'appartient pas au principe de contradiction, puisque ce principe, comme principe purement logique, valable pour toutes les connaissances possibles, ne doit absolument pas être restreint à des *conditions de temps*.

Les propositions synthétiques exigent donc encore un autre principe que celui de contradiction. Il est donc clair, d'après ce qui précède, qu'aucune connaissance synthétique *a priori* n'est possible qu'autant que la base de cette connaissance est en même temps celle de la possibilité de l'expérience. Le principe suprême de *tous les jugements synthétiques* est donc celui-ci : Aucune liaison des concepts purs n'a de valeur objective qu'autant qu'il en résulte un jugement d'expérience. D'où il suit qu'aucune connaissance d'un objet n'est possible par concepts purs. Toutes les propositions synthétiques de l'entendement pur ne sont donc que les principes de la possibilité de l'expérience. Or, la science des principes universels de l'expérience possible est la *science pure de la nature,* ou la *physiologie pure.* On voit donc par là comment une science naturelle pure est possible ; c'est à la condition que tous les phénomènes, d'après la différente forme de leur intuition, soient subsumés à des concepts intellectuels purs et deviennent par là des propositions synthétiques *a priori*, qui relient nécessairement les phénomènes, et forment ainsi un système naturel, antérieur à toute connaissance naturelle empirique, et qui soit la raison de la possibilité de cette connaissance. Les propositions synthétiques de l'entendement pur sont donc aussi les *lois naturelles* universelles, ou les *principes de la science de la nature.*

D'où il suit que la législation suprême de la nature est simplement en nous-mêmes, c'est-à-dire dans notre entendement, et que nous ne devons par conséquent pas abstraire et tirer de la nature par voie d'expérience les lois universelles de la nature ; que nous devons au contraire chercher la nature, quant à la légitimité universelle, uniquement dans les conditions de la possibilité qui résident dans notre sensibilité et notre entendement. En vain donc la proposition suivante semble absurde, elle n'en est pas moins certaine : L'entendement ne dérive pas ses lois *a priori* de la nature ; au contraire, elle les lui impose.

La table des propositions synthétiques principales de l'entendement pur doit donc se déduire intégralement de celles des concepts intellectuels purs. Or, comme les derniers déterminent les formes universelles de tous les jugements synthétiques possibles, il doit y avoir tout juste autant de genres principaux de propositions synthétiques de l'entendement pur, qu'il y a de genres principaux de concepts intellectuels purs. Suivant la table précédente des catégories, il y a donc quatre principales classes de propositions synthétiques, auxquelles l'auteur donne les noms suivants :

1° Des Axiomes de l'intuition ;
2° Des Anticipations de la perception ;

3° Des *Analogies de l'expérience*;

4° Des *Postulats de la pensée empirique en général*.

Il appelle les deux premières espèces principes *mathématiques*, et les deux dernières principes *dynamiques*, par la raison que ceux-là sont susceptibles d'une certitude intuitive, et ceux-ci d'une certitude discursive seulement, quoique de part et d'autre la certitude soit parfaite.

1. L'*axiome de l'intuition* est donc ainsi conçu : Tous les phénomènes sont, quant à leur intuition, des quantités *extensives*.

Preuve. Car une quantité est extensive lorsque la représentation du tout n'est possible que par celle des parties. Or, la simple intuition dans tous les phénomènes est ou l'espace ou le temps; mais dans l'un et l'autre, la représentation du tout n'est possible que par la représentation des parties. C'est ainsi, par exemple, que je ne puis me représenter une ligne sans d'abord la tirer dans ma pensée, c'est-à-dire sans en produire successivement, en partant d'un point, toutes les parties. De même je ne puis me représenter aucunes quantités de durée, sans reproduire d'abord par une progression successive, qui s'étend d'un instant à un autre, chaque partie de durée contenue dans cette quantité totale de temps. Donc, quant à leur intuition, tous les phénomènes sont des quantités extensives.

Sur cet axiome de l'intuition se fonde l'applicabilité des mathématiques pures à des objets de l'expérience ; en sorte que tout ce qu'enseignent les premières doit aussi s'entendre, et de la manière la plus rigoureuse, des secondes, par exemple la divisibilité à l'infini. Toutes les objections contraires ne sont que des chicanes élevées par une raison faussement enseignée, qui croit mal à propos pouvoir affranchir les objets du sens de la condition formelle de notre sensibilité, et qui les regarde comme des *choses en soi*, quand ils ne sont cependant que de purs phénomènes.

II. Le principe des *anticipations de la perception* s'énonce ainsi : Dans tout phénomène, la sensation et le réel qui y correspond dans l'objet (*realitas phœnomenon*) a une quantité *intensive*, c'est-à-dire un degré.

Preuve. Car toute sensation singulière [indivisible] ne remplit qu'un instant, et n'a par conséquent aucune quantité extensive. Cependant toute sensation est susceptible de décroissement, de manière à s'affaiblir et insensiblement à disparaître tout à fait. Or, ce qui, dans l'intuition empirique, correspond à la sensation est *réalité* (*realitas phœnomenon*), et ce qui, au contraire, correspond à son défaut, est *négation* $=0$. Entre la réalité et la négation dans le phénomène se trouve un composé continu de plusieurs sensations intermédiaires possibles, qui sont de plus en plus petites, jusqu'à ce qu'enfin elle deviennent $=0$. Ce qui veut dire que le réel dans la sensation a une quantité qui n'est pas extensive, qui n'est au contraire saisie que comme une unité, dans laquelle la multiplicité ne peut être conçue qu'en approchant de la négation. Or, une telle quantité est une quantité *intensive* ou un *degré*. Toute réalité dans le phénomène a donc une quantité intensive, c'est-à-dire un degré. Par exemple, toute couleur, telle que la rouge, a un degré qui, si faible qu'il puisse être, n'est jamais le plus petit possible. Il en est de même de la chaleur, de la pesanteur, de l'élasticité, etc.

Il suit de ce principe :

1° Que tous les phénomènes, qu'ils soient extensifs ou intensifs, sont des quantités *constantes* ou *continues*, c'est-à-dire des quantités dans lesquelles aucune partie n'est la plus petite possible, ou simple, et qu'on a coutume d'appeler aussi, pour cette raison, des quantités *fluantes*. Il n'y a donc dans les parties d'un phénomène même aucune *solution de continuité*, aucun *saut (non datur saltus)*.

2° Tout sens devant avoir un degré déterminé de receptivité pour la sensation, aucune perception, aucune expérience possible ne prouve immédiatement ou médiatement (par quelque détour syllogistique que ce puisse être) un défaut complet de toute réalité; c'est-à-dire que l'expérience ne donne jamais la preuve qu'un espace ou un temps soit vide. Il n'y a donc entre les phénomènes aucune *lacune (non datur hiatus)*, puisque d'un côté, l'absence complète du réel dans l'intuition sensible ne peut être perçue en elle-même, et que, d'un autre côté, elle ne saurait non plus être conclue jamais de ce qu'un phénomène a un degré plus grand de réalité que l'autre. En effet, dans deux quantités extensives permanentes du phénomène, la quantité de leur réalité pouvant s'étendre jusqu'à rien, jusqu'au vide, en passant par des degrés infinis, il faut qu'il y ait infiniment de degrés divers dont l'espace ou le temps soient remplis; et dans une quantité identiquement extensive, la quantité intensive peut cependant être plus grande dans un phénomène que dans l'autre. Ainsi, une dilatation qui remplit un espace, par exemple celle de la chaleur, et toute autre réalité de même, peut perdre à l'infini dans ses degrés et cependant remplir tout aussi bien le même espace avec ces petits degrés qu'elle faisait auparavant, sans laisser vide la plus petite partie de cet espace. C'est donc sans raison que le physicien suppose que le réel dans l'espace est toujours (*allerwærts*) le même, qu'il ne peut se distinguer que par la quantité extensive, c'est-à-dire par le multiple, et qu'ainsi, par le fait que nous percevons encore dans des corps de même volume une quantité différente de matière, ce volume doit être vide dans toutes les matières, quoique à des degrés divers.

Du reste, l'auteur appelle cette seconde proposition une anticipation de la perception, parce qu'elle détermine *a priori* ce qui appartient cependant à la connaissance empirique, à savoir ce qui doit en général se rencontrer dans toute sensation comme sensation. L'entendement anticipe donc ici d'une manière étonnante sur l'expérience dans tout ce qui en fait la matière, et qu'on ne peut tirer que d'elle.

III. Le principe universel des *Analogies de l'expé-*

rience est celui-ci : Tous les phénomènes sont, quant à leur existence, soumis *a priori* à des règles qui déterminent leur rapport respectif dans le temps.

Preuve. Car le temps est la forme de tous les phénomènes ; nous ne pouvons donc déterminer l'existence des phénomènes qu'à la condition d'avoir conscience de leur rapport respectif dans le temps. Mais pour que cette conscience variée des différents phénomènes, quant à leurs rapports de temps, soit pour nous une connaissance, elle doit nécessairement être liée à une conscience primitive unique ; il doit donc y avoir entre tous les phénomènes, quant à leur rapport dans le temps, un certain enchaînement nécessaire, c'est-à-dire une unité synthétique. Mais cet enchaînement ne peut être donné par des phénomènes encore, ni par conséquent par l'expérience, par la raison que tout phénomène, comme quelque chose d'individuel en soi, ne peut donner l'idée d'aucune liaison nécessaire avec quelque autre chose. Cet enchaînement *a priori* doit donc donner certaines règles de la détermination universelle de temps, auxquelles tous les phénomènes soient soumis.

Ces règles sont précisément celles que l'auteur appelle les analogies de l'expérience. En mathématiques, les analogies sont des formules qui expriment l'identité de deux rapports de quantité, et ces rapports sont toujours *constitutifs,* c'est-à-dire que le quatrième membre de la proportion est toujours, lui aussi, donné par le moyen de trois autres qui sont connus. En philosophie on entend au contraire par analogie l'égalité pure et simple de deux rapports *qualitatifs* [de qualité], en vertu de laquelle je puis bien connaître, à l'aide de trois membres donnés, le rapport à un quatrième, mais non plus le quatrième membre lui-même; ce qui me donne cependant une règle pour chercher ce quatrième membre dans l'expérience, et un caractère auquel je pourrai l'y reconnaître.

Les analogies de l'expérience ne sont donc que des règles suivant lesquelles doit résulter des perceptions, non pas une perception, mais seulement l'unité de l'expérience. Elles n'ont donc, comme principes à l'égard des objets (des phénomènes), — à la différence des axiomes de l'intuition et des anticipations de la perception, — aucune valeur *constitutive*; au contraire, elles n'ont qu'une valeur purement *régulatrice*, c'est-à-dire pour le cas où une perception nous est donnée dans un rapport de temps à côté d'une autre perception (quoique indéterminée). Ainsi, les analogies de l'expérience ne nous disent pas *a priori quelle est cette autre perception, ni quelle en est la quantité (wie grosse)*; elles nous enseignent simplement la manière dont elle est nécessairement liée à la première, dans ce mode du temps, quant à l'existence. Or, comme il y a trois modes du temps, la *permanence* ou durée (existence dans tout le temps), la *succession* (existence dans différents temps) et la *simultanéité* (existence dans un même temps), il y a aussi, en général, trois différentes analogies de l'expérience.

La *première* analogie de l'expérience est le *principe de la permanence*, et se formule ainsi : Tous les phénomènes contiennent le *permanent* (substance) comme l'objet même, et le *muable* (accident) comme pure détermination du permanent, c'est-à-dire une manière d'exister de l'objet.

Preuve. Car tous les phénomènes sont, dans le temps, ou successifs ou simultanés. Or, notre appréhension de la diversité dans le phénomène est toujours successive, toujours changeante par conséquent. Elle ne peut donc jamais nous enseigner à elle seule si cette diversité est simultanée, ou si elle est successive, puisqu'elle n'a pas en elle quelque chose de fondamental, qui existe toujours, c'est-à-dire quelque chose de *constant* et de *permanent,* dont tout changement et toute simultanéité ne soient qu'autant de manières (*modi* du temps) dont le permanent existe. Les rapports de temps ne sont donc possibles que dans le permanent ; *le permanent est donc le substratum de toute détermination de temps;* il est donc aussi la condition de la possibilité de l'expérience, et en elle, *tout être (Daseyn) et tout changement dans le temps ne peuvent être regardés que comme un mode de l'existence de ce qui reste et dure.* Dans tous les phénomènes le permanent est donc l'objet même, c'est-à-dire la substance (*phænomenon*) ; mais tout ce qui change ou peut changer n'appartient qu'à la manière dont la substance existe, par conséquent à ses déterminations, c'est-à-dire à ses accidents.

Jamais philosophe n'a songé à démontrer ce principe de la permanence. Il est cependant la base du principe que Rien ne provient de rien. Car si ce qu'on appelle substance dans le phénomène doit être le substratum propre de toute détermination de temps, toute existence, passée ou future, ne doit pouvoir être déterminée que dans le temps. Déjà par conséquent le nom de substance suppose l'existence du substantiel dans tous les temps. Les deux propositions des anciens : *Gigni de nihilo nihil, in nihilum nil posse reverti*, se tiennent donc indissolublement, et l'on ne doit pas craindre que la première soit contraire à l'indépendance du monde à l'égard d'une cause suprême (même quant à la substance), puisque ces propositions ne donnent pas du tout les choses en soi, mais seulement leurs phénomènes dans le champ de l'expérience. L'unité de l'expérience ne serait jamais possible si l'on admettait des choses nouvelles, quant à la substance, car alors c'en serait fait de l'identité du substratum dans lequel seul toute vicissitude a une unité commune.

Sur ce principe de la permanence se fonde donc aussi la rectification du concept de *changement*. Paraître et disparaître ne sont pas des changements de ce qui naît ou périt ; le changement est une manière d'exister qui succède à une autre manière d'exister du même objet. Tout ce qui change *reste* donc ; son *état* seul *change*. On peut donc dire que le permanent seul (la substance) est changé, mais que le muable ne souffre aucun changement, qu'il n'est soumis qu'à une vicissitude, lorsque certains accidents cessent d'être et que d'autres commencent. Un changement ne peut donc être perçu que dans des substances ;

l'advenir ou le passer ne peut donc absolument pas être une perception possible. Car pour admettre que quelque chose commence absolument d'être, il faut qu'il y ait un moment où il n'était pas. Si donc nous étions dans la nécessité de rattacher ce moment à des choses qui étaient déjà et qui ont duré jusqu'à la naissance de la nouvelle chose (car un temps antérieur n'est pas un objet de perception), ce qui naît ne serait qu'une détermination de ce qui était déjà auparavant et qui durait; il n'en serait donc qu'un accident; il ne serait donc pas une substance. Il en est de même du passer, car il suppose la représentation empirique du temps, puisqu'il n'est qu'un phénomène.

La *deuxième* analogie de l'expérience est le *principe de production*. Il est ainsi conçu : Tout ce qui arrive (commence d'être) suppose quelque chose après lequel il vient suivant une règle.

Preuve. En effet, on ne peut percevoir empiriquement que quelque chose arrive, c'est-à-dire qu'un état qui n'était pas auparavant commence d'être, à moins qu'un phénomène ne précède et ne contienne cet état. En effet, une réalité qui succède à un temps vide, par conséquent une naissance que ne précède aucun état de choses, n'est pas plus susceptible d'être perçue que le temps vide lui-même. Toute perception de quelque chose qui arrive suppose donc une autre perception qui la précède et qu'elle suit; et cela de telle façon même que l'ordre entre ce qui doit précéder et ce qui doit suivre ne puisse être renversé, mais qu'il soit au contraire parfaitement déterminé. Or, notre appréhension de la diversité phénoménale est toujours successive, que cette diversité doive être simultanée ou successive. Cette appréhension ne peut jamais par elle-même nous apprendre que *a* précède et que *b* suit, ni lequel des deux vient à proprement parler le premier, lequel vient après. Car la simple succession dans une appréhension ne m'autorise pas encore à conclure la succession dans l'objet. Par exemple, lorsque je considère successivement la diversité dans le phénomène d'une maison, je n'en puis pas conclure que cette diversité s'est aussi succédé réellement d'une manière objective. Afin donc que la perception de ce qui arrive soit possible, il faut qu'il y ait dans la diversité des phénomènes un tel ordre que l'appréhension de ce qui arrive vienne nécessairement toujours après l'appréhension de ce qui précède, et cela suivant une règle déterminée. Ce n'est qu'à cette condition, en effet, que ce qui arrive peut recevoir sa place déterminée dans le temps; à savoir si quelque chose est supposé dans l'état précédent, qui soit toujours, c'est-à-dire suivant une règle, suivi de ce qui arrive. Lors, par exemple, que je considère la diversité phénoménale d'une maison, il est indifférent que je commence par en haut ou par en bas : ici l'ordre dans la succession de mon appréhension est parfaitement arbitraire. Mais quand une barque descend la rivière, je ne puis pas la voir d'abord en bas, ensuite en haut : je la vois au contraire d'abord plus haut, ensuite plus bas. L'ordre dans la succession des perceptions est donc ici déterminé. Les dernières de ces perceptions sont de plus liées aux premières. La succession subjective de l'appréhension à l'égard de la succession objective du phénomène est donc ici déterminée par une règle nécessaire. Tout ce qui arrive suppose donc quelque chose qu'il suit conformément à une règle. De ce principe de la production suit donc la loi naturelle que Rien n'arrive par un *aveugle hasard* (*in mundo non datur casus*).

Ce après quoi quelque autre chose vient nécessairement, c'est-à-dire suivant une règle, en est appelé la cause. C'est pour cette raison que le principe de production se formule brièvement ainsi : *Tout ce qui arrive a une cause.* Quelque apparence donc qu'il y ait que nous nous formions le concept de cause uniquement dans l'expérience, en partant de la perception que certains événements n'arrivent jamais qu'après les mêmes phénomènes qui les précèdent, et en tirant de là la règle qu'il en doit toujours et nécessairement être ainsi ; cependant l'illégitimité de cette présomption résulte déjà clairement de ce fait ; c'est qu'alors la proposition Tout ce qui arrive a une cause, serait aussi contingente que l'expérience même ; sa nécessité et son universalité ne seraient donc que fictives. Tout au contraire, nous ne pouvons tirer de l'expérience le concept de cause que parce que notre entendement l'y a déjà déposé *a priori*.

En effet, nous ne pouvons jamais attribuer à un objet, même dans l'expérience, la succession d'un événement, et la distinguer de la succession subjective de notre appréhension, qu'à l'aide d'une règle qui nous force à suivre cet ordre de perception plutôt qu'un autre. Nos représentations ne peuvent pas sortir d'elles-mêmes ; elles ne sont en soi que des déterminations purement subjectives, et des modifications de nous-mêmes. Elles ne peuvent donc avoir un rapport à un objet, c'est-à-dire une réalité objective, qu'autant que leur liaison s'accomplit d'une manière nécessaire, qu'elle est soumise à une règle, et qu'il y a par conséquent un certain ordre nécessaire dans leur rapport. Comme c'est une loi nécessaire de notre sensibilité, par conséquent la condition formelle de toutes les perceptions, que le temps qui précède détermine nécessairement celui qui suit, puisque nous ne pouvons arriver à ce qui suit qu'en passant par ce qui précède, c'est aussi une loi nécessaire de la représentation empirique de la succession, que les phénomènes déterminent dans le passé toute existence dans l'avenir, c'est-à-dire qu'ils l'assujettissent à une règle, attendu que nous ne pouvons connaître empiriquement la continuité dans l'enchaînement de la durée que dans les phénomènes. Le principe de la raison suffisante est dans le principe de la possibilité de l'expérience, c'est-à-dire de la connaissance objective des phénomènes, par rapport à leur succession dans le temps. On peut objecter, il est vrai, que ce principe de la causalité ne convient qu'à la *succession* des phénomènes, quand cependant il y a souvent cause et effet *en même temps*, par exemple, dans le cas du poêle chauffé et de la chambre chaude, dans le cas encore de la boule et de la dépression qu'elle exerce sur un coussin. Mais il faut observer qu'on n'envisage ici que l'*ordre* du temps et non son cours, que le rapport entre la cause et l'effet demeure, quoiqu'il n'y ait aucun laps de temps. La dépression du coussin coïncide dans le temps, il est vrai, avec l'impression de la boule; mais si le coussin était déjà déprimé d'ailleurs, l'impression de la boule de plomb n'en est pas alors la conséquence.

Le concept de la cause nous conduit donc à celui de l'action, celui-ci au concept de force, et celui de force à celui de substance, de cette manière : Où il y a action, il y a activité et force; là aussi est une substance. Car tout effet consiste dans ce qui arrive, par conséquent dans le muable, qui indique le temps, quant à la succession ; le dernier sujet du muable est donc le substratum de tout ce qui change, par conséquent le *permanent,* c'est-à-dire la substance.

De ce principe de la causalité suit enfin la loi de la continuité de tous les changements. Car lorsqu'une chose change, c'est-à-dire passe d'un état a à un autre état b, il y a toujours entre l'instant où elle sort du premier de ces états et celui où elle passe dans l'autre un temps. Elle doit donc aussi se trouver pendant ce temps ou dans l'intervalle qui sépare le premier état du second. La cause ne produit donc pas son effet subitement; au contraire, de même que le temps croît d'un premier instant au second en passant par des temps intermédiaires continus, de même aussi la quantité de réalité du changement ne s'accomplit qu'en passant par tous les plus petits degrés compris entre le premier et le dernier. Tout changement n'est donc possible que par une action continue de la cause, action qui, en tant qu'uniforme, prend le nom de *moment*. De ces moments ne résulte donc pas le changement, mais il en est produit à titre d'effet. Il suit donc de cette loi de la continuité, qu'il n'y a pas plus de *saut* dans la *succession* des phénomènes que dans les phénomènes mêmes (*in mundo non datur saltus*).

La *troisième* analogie de l'expérience est le principe de la *communauté*, principe qui s'énonce ainsi : Toutes les substances, en tant que *simultanées*, sont en commerce universel (c'est-à-dire en action mutuelle les unes sur les autres).

Preuve. Car des choses sont simultanées lorsqu'elles existent dans un seul et même temps. Or, on ne reconnaît qu'il en est ainsi qu'autant que l'ordre dans leur appréhension est indifférent, c'est-à-dire lorsque je puis aussi bien commencer par A et continuer par B dans ma perception, que réciproquement commencer par B et continuer par A. Car si les choses A et B existaient dans différents temps, en telle sorte, par exemple, que A précédât et que B suivît, il serait impossible de commencer ma perception par B et de continuer par A. Mais si l'on admettait, dans une diversité de substances comme phénomènes, que chacune d'elles fût parfaitement isolée, c'est-à-dire qu'aucune n'agît sur les autres, et n'en reçût à son tour des impressions, leur *simultanéité* ne serait pas un objet de perception possible. Car si on les conçoit séparées par un espace entièrement vide, alors on peut bien d'abord considérer l'une, ensuite l'autre ; mais comme notre appréhension du divers est toujours successive, on ne pourrait pas encore savoir par là si, de deux phénomènes, l'un suit réellement, objectivement, l'autre, ou s'ils sont simultanés. Il doit donc y avoir, en dehors de la simple existence de la substance, quelque chose encore par quoi la substance *a* détermine la place de la substance *b* dans le temps, et réciproquement la substance *b* la place de la substance *a*. Ce n'est qu'à cette condition, en effet, que deux substances peuvent être perçues comme existant simultanément. Or, une chose ne marque à une autre chose la place dans le temps, qu'autant qu'elle en est la cause, ou la cause de ses déterminations. Donc toute substance doit être la cause de certaines déterminations des autres substances, en même temps qu'elle en est un effet quant à ses déterminations propres. Ce qui veut dire qu'elles doivent être dans une communauté dynamique, soit immédiate, soit médiate, ou *in commercio*, dans la mesure où leur existence simultanée doit être connue dans une expérience possible quelconque.

Les substances ne forment donc pas simplement, par ce *commercium*, un composé idéal, mais bien au contraire un composé *réel*.

IV. Les *postulats de la pensée empirique en général*, ou les principes de la modalité sont les suivants :

1° Ce qui s'accorde avec les conditions formelles

de l'expérience (d'après l'intuition et les concepts), est *possible ;*

2° Ce qui s'enchaîne avec les conditions matérielles de l'expérience (de la sensation), est *réel ;*

3° Ce dont l'enchaînement avec le réel est déterminé d'après les conditions universelles de l'expérience, est (existe) *nécessairement.*

Les propositions : Une chose est possible, réelle, nécessaire, ne sont pas analytiques, mais bien synthétiques. Car dans aucune d'elles, le prédicat qu'elles énoncent de l'objet n'est contenu dans le concept de l'objet même ; au contraire, quand le concept d'un objet est déjà parfait, il reste encore parfaitement incertain si l'objet est aussi possible, s'il est réel, ou absolument nécessaire. Mais ces propositions ont cela de particulier, qu'elles sont non pas objectivement, mais bien subjectivement synthétiques ; c'est-à-dire que les prédicats de la possibilité, de la réalité ou de la nécessité attribués par elle à l'objet, n'en augmentent absolument pas le concept, attendu que si ce concept est déjà parfaitement complet, toutefois il reste encore la question de savoir si l'objet déjà complétement conçu avec toutes ses déterminations, est simplement possible, ou s'il est encore réel, ou s'il est absolument nécessaire ; par conséquent ces prédicats n'ajoutent rien à l'objet même : ils déterminent simplement la manière dont il se rapporte à notre faculté de connaître, en ce sens que le prédicat de la possibilité fait voir que le concept de l'objet s'accorde avec les conditions formelles de l'expérience dans l'entendement ;

le prédicat de la réalité, que l'objet est en liaison avec la sensation comme matière des sens, et s'en trouve déterminé à l'aide de l'entendement; le prédicat de la nécessité, enfin, que l'objet est déterminé suivant des concepts par l'enchaînement des perceptions. Les trois principes de la modalité ne sont donc autre chose que les définitions des concepts de possibilité, de réalité et de nécessité, et ne disent, n'enseignent du concept d'une chose que l'acte même par lequel la faculté de connaître le produit. Or, en mathématiques, on appelle *postulat* la proposition qui détermine la manière dont un concept est produit, par exemple, décrire d'un point donné, avec une ligne donnée, un cercle sur une surface. Une proposition de cette nature ne peut pas être prouvée, parce que le procédé qu'elle exige est précisément ce pourquoi nous produisons d'abord le concept d'une telle figure. On est autorisé par cette raison à *postuler* aussi sans preuve les trois principes de la modalité. Les postulats de la pensée empirique s'appellent ainsi, parce que leur usage est purement restreint au champ de l'expérience possible, toutes les catégories, par conséquent aussi celles de la possibilité, de la réalité et de la nécessité n'ayant de valeur objective qu'autant qu'elles rendent l'expérience possible.

Et d'abord, pour ce qui est du postulat de la possibilité, c'est une condition logique nécessaire, il est vrai, que le concept d'une chose possible ne peut renfermer aucune contradiction; mais cela ne suffit pas à beaucoup près pour la réalité objective du concept, c'est-à-dire pour la possibilité de l'objet ; il faut encore que le concept de la chose soit de plus conforme aux conditions formelles sous lesquelles seules cette chose peut être conçue comme un objet de l'expérience. A cela seul on peut donc reconnaître la possibilité d'une chose ; mais cette possibilité ne peut jamais s'affirmer en partant du simple concept de la chose, ce concept fût-il pur et même exempt de toute contradiction. La réalité objective des catégories tient donc à ce que, par exemple, des choses que je me représente comme substances ou comme accidents, comme cause ou effet, ou bien encore comme effets réciproques, sont possibles dans le fait; elle ne tient pas à ce que ces concepts ne renferment rien de contradictoire en eux-mêmes, mais uniquement à ce qu'ils sont les conditions formelles de toute expérience. Si l'on voulait au contraire se forger, avec la matière que nous offre l'expérience, des concepts tout nouveaux de substances, de forces et d'effets réciproques, sans prendre de l'expérience même l'exemple de leur liaison, on tomberait dans de pures chimères dont la possibilité n'est assurée par aucun signe, quoiqu'on eût garanti ce concept de toute contradiction. Une substance qui serait constamment dans l'espace, sans toutefois le remplir ; une faculté fondamentale particulière de notre âme qui nous donnerait l'*intuition* de l'avenir ; une faculté qui nous mettrait en commerce de pensées avec des hommes éloignés de nous ; ces trois choses sont des concepts dont la possibilité est sans fondement, parce qu'elle ne peut être fondée sur l'expérience et ses lois.

Le postulat de la réalité exige *perception*, par conséquent sensation ; à savoir, ou une sensation immédiate de l'objet même dont on veut connaître l'existence, ou du moins l'enchaînement avec une perception réelle quelconque, d'après les analogies de l'expérience. C'est ainsi, par exemple, que nous connaissons l'existence d'une matière magnétique par la perception de la limaille de fer attirée, quoiqu'une perception immédiate de cette matière soit impossible, à cause de l'imperfection de nos sens. Nous ne pouvons donc pas plus rechercher l'existence d'une chose en dehors du champ de l'expérience, que nous ne pouvons conclure du simple concept d'une chose à son existence.

Pour ce qui est, enfin, du postulat de la nécessité, cette nécessité s'entend non pas simplement de la nécessité formelle et logique, mais aussi de la nécessité matérielle dans l'existence : cette dernière ne peut donc, elle non plus, se tirer jamais de simples concepts ; elle ne peut être connue que de la liaison avec ce qui est perçu, suivant des lois générales de l'expérience. Or, aucune autre existence que celle des effets par des causes données, ne peut être connue comme nécessaire sous la condition d'autres phénomènes donnés. Ce n'est donc pas l'existence des substances, mais uniquement celle de leur état, dont nous pouvons reconnaître la nécessité, et encore, par d'autres états perçus seulement suivant les lois empiriques de la causalité. Nous ne pouvons donc admettre d'autre nécessité dans la nature que la nécessité des *effets* dont les causes nous sont données, et le signe de la nécessité dans l'existence ne s'étend pas au-delà du champ de l'expérience possible. Ce signe se rapporte donc uniquement au principe : Tout ce qui arrive est hypothétiquement nécessaire en vertu du principe de causalité. De là, par conséquent, cette loi naturelle: Aucune nécessité dans la nature n'est *aveugle*; il n'y a qu'une nécessité *conditionnée*, par conséquent *intellectuelle* (*in mundo non datur fatum*). Ainsi donc se trouvent établis, comme autant de lois naturelles *a priori*, les quatre principes : *In mundo non datur hiatus; — non datur saltus; — non datur casus; — non datur fatum*. L'auteur se demande, par forme de conclusion sur cette matière, si le champ des choses possibles est plus grand que le champ des choses réelles, et si celui-ci est plus grand que celui des choses nécessaires. Il semble bien qu'on pourrait établir que le nombre des choses possibles est supérieur à celui des choses réelles, attendu la nécessité d'ajouter encore à la possibilité d'une chose pour la faire passer à l'état de réalité. Mais cette addition au possible n'a pas de sens; car ce qui devrait encore ajouter au possible [serait en dehors du possible] serait impossible. Ce n'est qu'aux yeux de notre entendement que quelque chose peut s'ajouter à l'accord universel d'un objet avec les conditions formelles de l'expérience, à savoir la liaison de cet objet avec une perception quelconque. Notre entendement ne saurait donc rien décider sur cette question, parce qu'il n'a mission de s'occuper que de la synthèse de ce qui est donné.

Cette exposition scientifique des principes synthétiques de l'entendement pur, établit parfaitement que les concepts intellectuels purs ne sont applicables qu'aux phénomènes ou objets de l'expérience, et ne sont par conséquent jamais d'un usage transcendantal, mais bien d'un usage empirique seulement. Nous ne pouvons par cette raison en définir aucun sans descendre aux conditions de la sensibilité, par conséquent à la forme des phénomènes. Personne ne peut définir le concept de la grandeur d'une chose, si ce n'est en déterminant combien de fois une unité y est contenue; mais ce combien de fois se fonde sur la répétition successive de l'unité, par conséquent sur le temps. On ne peut définir une réalité par opposition à la négation qu'en concevant un temps (comme ensemble de toute l'existence), qui en serait ou plein ou vide. Si, dans le concept de substance, je fais abstraction de la permanence (une existence en tout temps), alors ce concept n'est que la simple représentation logique d'un sujet qui ne peut plus être un prédicat d'un autre; mais alors j'ignore absolument toutes les conditions sous lesquelles cette prérogative logique peut appartenir à une chose; je ne sais donc point du tout si ce concept signifie jamais quelque chose, et je n'en puis absolument rien conclure. Si, dans le concept de cause, je mets de côté le temps dans lequel quelque chose suit quelque autre chose d'après une règle, il ne me reste plus rien, si ce n'est que la cause est quelque chose qui permet de conclure à l'existence d'une autre chose. Mais, d'un côté, la cause et l'effet ne se distinguent point par là l'un de l'autre ; d'un autre côté, on ne sait alors aucune des conditions sous lesquelles on pouvait conclure de quelque chose à l'existence d'une autre chose ; le concept de cause n'avait donc aucune détermination sur la manière dont il peut convenir à un objet. A la vérité, le prétendu principe : Tout ce qui arrive a une cause, se présente ici avec une certaine importance, comme s'il avait en lui-même sa valeur propre. Mais reste à savoir avant tout qu'est-ce qui arrive. Si l'on répond en disant que ce qui arrive est ce dont la non-existence est possible, cette autre question se présente à son tour : A quoi pouvons-nous reconnaître cette possibilité du non-être, si l'on ne se représente pas dans la série des phénomènes une succession, c'est-à-dire une existence après une non-existence, ou la non-existence à la suite de l'existence, par conséquent une vicissitude? Car si l'on dit que la non-existence d'une chose est possible lorsqu'elle ne se contredit pas, c'est là un frivole appel à une condition logique, à la vérité nécessaire pour le concept, mais complétement insuffisante pour la possibilité réelle, puisque, sans me contredire moi-même, je puis par l'abstraction regarder toute substance comme non existante, sans que la possibilité de sa non-existence en elle-même en découle. Le concept de la cause ne pouvant se définir sans la condition du temps, il est clair que le concept de la communauté ou causalité réciproque n'est pas non plus explicable sans elle. Les concepts de possibilité, de réalité et de nécessité, ne peuvent donc évidemment se définir que par une tautologie manifeste, si l'on ne peut tirer leurs définitions que de l'entendement seul, sans s'abaisser aux conditions de la sensibilité.

Il est maintenant facile de reconnaître que la division ordinaire des choses en *phénomènes* et en *noumènes*, est sans le moindre fondement. On entend par *phénomènes* des apparences, conçues comme objets. On devrait donc entendre par *noumènes* (*intelligibilia*) des choses qui sont purement des objets de l'entendement, et qui peuvent néanmoins être perçues comme tels, quoique pas sensiblement, mais bien *coram intuitu intellectuali*. On serait donc en droit de penser que le concept de phénomène fournit déjà par lui-même la réalité objective du noumène. Car si les sens ne nous représentent quelque chose que comme il nous *apparaît*, ce quelque chose ne doit pas moins être une chose *en soi*, par conséquent un objet indépendant de notre sensibilité, par conséquent un objet d'une intuition non sensible, c'est-à-dire de l'entendement. De cette manière les choses en soi, c'est-à-dire le quelque chose qui doit correspondre à leur phénomène comme leur objet, semblent donc être des noumènes tels que l'entendement pur pourrait les connaître immédiatement, sans aucune donnée de la sensibilité, en sorte qu'il y aurait ainsi une connaissance possible, dans laquelle il n'y aurait aucune sensibilité, et qui n'a en face d'elle qu'une réalité absolument objective, de telle façon que des objets seraient par là représentés *comme ils sont*, quand au contraire, dans l'usage empirique de l'entendement, les choses ne nous sont connues que *comme elles apparaissent*. Mais cette conséquence est sans fondement. Car ce quelque chose auquel nous sommes forcés de rapporter tout phénomène comme à son objet, est pour nous un quelque chose $= x$ dont nous ne savons et ne pouvons savoir absolument rien; il ne peut donc pas s'appeler un *noumène*; il indique simplement un objet parfaitement indéterminé, dont le concept dans tous les phénomènes est toujours identiquement le même, à savoir la simple pensée absolument indéterminée de quelque chose en général. La division des objets de nos connaissances en *phénomènes* et en *noumènes*, comme aussi celle du monde en monde sensible et en monde intelligible (*mundum sensibilem et in intelligibilem*) est donc insoutenable; et quand on dit que les sens nous représentent les objets *comme ils apparaissent*, tandis que l'entendement nous les représente *comme ils sont*, on veut dire seulement par cette dernière proposition, que l'entendement fait voir comment les objets, en tant qu'objets de l'expérience, doivent être conçus dans l'enchaînement universel des phénomènes. A la vérité, le concept d'un *noumène* n'est pas contradictoire, puisque personne ne peut prouver que l'intuition sensible soit la seule espèce d'intuition possible. Mais personne ne pouvant non plus prouver qu'en dehors de l'intuition sensible, il puisse y avoir encore une autre intuition, une intuition non sensible, puisque nous ne pouvons nous faire la moindre représentation de la possibilité d'un entendement capable de connaître ses objets non discursivement par des catégories, mais intuitivement, dans une perception sensible, la réalité objective du concept d'un noumène, c'est-à-dire la possibilité d'objets purement intelligibles, ne peut cependant pas s'apercevoir.

Puis donc qu'on ne peut démontrer ni la possibilité ni l'impossibilité d'objets purement intelligibles, le concept d'un noumène est donc un *concept limitatif* purement et simplement; concept par lequel, d'une part, l'entendement limite les prétentions de la sensibilité, comme si le domaine des connaissances sensibles s'étendait à tout ce que l'entendement conçoit, par lequel, d'autre part, il se pose aussi des bornes à lui-même, en reconnaissant qu'il ne peut rien saisir de positif par le moyen de ses concepts, en dehors du champ de la sensibilité; qu'il ne peut au contraire concevoir les choses en soi que sous le nom d'un quelque chose d'inconnu. Or, l'auteur appelle un concept qui ne renferme aucune contradiction, qui de plus établit comme une démarcation propre à servir en même temps de lien entre des concepts donnés et d'autres connaissance, mais dont la réalité objective ne peut en aucune manière être connue, un concept *problématique*. Le concept d'un noumène est donc purement problématique.

C'est pour avoir confondu les *phénomènes* et les *noumènes*, que l'équivoque s'est glissée parmi les concepts qui résultent de la comparaison de concepts donnés, et que l'auteur appelle *concepts de réflexion*. En suivant le fil conducteur des concepts intellectuels purs, on obtient quatre sortes de concepts réfléchis :

1° Unité et diversité,
2° Accord et désaccord,
3° L'interne et l'externe,
4° Matière et forme.

Car lorsque nous comparons entre eux deux concepts donnés, nous examinons chaque fois si ce que l'un contient est aussi contenu dans l'autre, ou s'il ne l'est pas; s'ils peuvent être conçus ensemble, ou s'ils se contredisent; si quelque chose d'intrinsèque est renfermé dans l'un ou l'autre, ou s'il lui vient d'ailleurs, et enfin s'ils sont donnés en fait, ou s'ils ne sont que des manières de concevoir des concepts donnés. Comparons-nous deux concepts donnés dans l'entendement seul, sans nous occuper de la faculté de connaître à laquelle appartiennent leurs objets, c'est-à-dire si ces objets, en qualité de noumènes, sont du ressort de l'entendement, ou si, en qualité de phénomènes, ils rentrent dans la sensibilité : alors cette comparaison est une pure *réflexion logique*. Mais il ne suit pas encore de cette réflexion que ce qui s'affirme des concepts puisse s'affirmer aussi des objets auxquels ils se rapportent. C'est ce qui a lieu cependant lorsque ces objets sont regardés comme des noumènes; car les noumènes appartenant à l'entendement, ce qui résulte de la comparaison de leurs concepts doit aussi s'affirmer d'eux-mêmes. Mais si les objets auxquels se rapportent les concepts donnés sont au contraire des phénomènes, la sensibilité pose alors des limites auxquelles il faut nécessairement avoir égard, si l'on veut éviter une amphibolie dans les concepts réfléchis précédents. Voulons-nous donc ne pas comparer d'une manière purement logique des concepts donnés, mais encore les rapporter en même temps par cette comparaison à leurs objets : il faut avant tout faire attention à la faculté de connaître *qui les compare*; si c'est l'entendement ou la sensibilité. Cette réflexion par laquelle la place de chaque concept est assignée dans notre intelligence, l'auteur l'appelle *réflexion transcendantale*, de même qu'il appelle *lieu transcendantal* la place qui revient au concept dans notre intelligence, et *topique transcendantale* l'indication méthodique à suivre pour assigner ce lieu à chaque concept.

Si maintenant nous appliquons ce qui vient d'être dit aux quatre concepts réflexifs précédents, il faut d'abord éviter de confondre l'*unité* des *noumènes* avec l'*unité* des *phénomènes*. Si un objet nous est présenté plusieurs fois, mais toujours avec les mêmes caractères internes de qualité et de quantité, alors, s'il est considéré comme un objet de l'entendement pur, il est toujours le même et non *plusieurs*; il n'est qu'*une seule chose*, c'est-à-dire une chose *numériquement identique*. Car ici l'objet n'étant représenté que par des concepts, il doit toujours être nécessairement un seul et même objet, en tant que les concepts qu'on en a sont toujours une seule et même chose. Par exemple, j'ai beau concevoir autant de fois que je voudrais un être souverainement parfait, toujours cependant il reste *unique*. Si au contraire l'objet est un phénomène, ce n'est plus la même chose. Mais quoique deux objets sensibles soient tout à fait identiques quant aux concepts, ils peuvent néanmoins se trouver dans le même temps en différents lieux de l'espace, et cette différence des lieux est par conséquent déjà une raison suffisante de leur différence numérique ; car une partie de l'espace peut bien être parfaitement semblable à une autre, mais elle est cependant en dehors d'elle, et forme ainsi une partie différente de la première. Par exemple, deux pieds cubes d'espace sont, quant au concept, parfaitement identiques ; mais la simple différence des lieux fait qu'ils sont deux pieds cubes différents (*numero diversa*). Il faut donc en dire autant de tout ce qui est en même temps dans différents lieux de l'espace, quelque égalité ou ressemblance qu'il puisse d'ailleurs y avoir en tout cela. C'est ainsi, par exemple, qu'on peut faire complétement abstraction de toute différence interne en qualité et en quantité entre deux gouttes d'eau, et cependant les distinguer encore numériquement, si elles sont perçues en même temps dans différents lieux. Le *principium indiscernibilium* de Leibniz est donc valable à l'égard des noumènes, mais nullement à l'égard des phénomènes. Ce n'est donc pas une loi de la nature, mais bien une simple règle analytique, ou une comparaison des choses par purs concepts.

Veut-on, en second lieu, juger convenablement de l'*accord* et du *désaccord* des réalités : il faut également faire attention, d'abord, si les réalités dont il s'agit sont des *realitates noumena* ou des *realitates phœnomena*, c'est-à-dire si elles sont conçues par l'*entendement pur*, ou si elles signifient le réel dans les *phénomènes*. Dans le premier cas, nulle contradiction concevable, entre des réalités comme simples affirmations; c'est-à-dire qu'il n'y a pas entre elles un rapport tel que, réunies dans un sujet unique, les conséquences de l'une rendent celles de l'autre impossibles. Mais dans le phénomène, les réalités peuvent au contraire se trouver entre elles dans une opposition absolue, en sorte que, réunies dans le même objet, les conséquences de l'une empêchent totalement ou partiellement celles de l'autre. Par exemple, de deux forces qui agissent dans un corps en sens contraire, l'une paralyse totalement ou partiellement l'effet de l'autre. Donc, de ce qu'entre des réalités, comme pures affirmations, aucune contradiction logique n'est possible, cela ne veut pas dire encore qu'elles soient aussi compatibles dans l'objet sans qu'elles se contredisent en aucune manière. Par conséquent le principe de Leibniz : Tous les maux ne sont que des conséquences des limites des créatures, c'est-à-dire des négations, attendu que les négations sont la seule chose qui soit contraire à la réalité, ne vaut également que du concept d'une chose en général. Mais si l'on prétend l'appliquer aux choses comme phénomènes, il devient alors un principe erroné.

Veut-on, en troisième lieu, juger sainement de l'*interne* et de l'*externe* des substances : il faut également s'assurer avant tout si la substance dont il est question est simplement un objet de l'entendement pur (*substantia noumenon*) ou un phénomène (*substantia phænomenon*). Dans un objet de l'entendement pur, il n'y a d'interne que ce qui, quant à l'existence, n'a nul rapport à quelque chose qui en diffère. Car, d'après les simples concepts, l'interne est le substratum de tous les rapports ou déterminations externes. Au contraire, les déterminations internes d'une *substantia phænomenon* ne sont autre chose, dans l'espace, que des rapports, et ces rapports eux-mêmes absolument rien qu'un ensemble de pures relations. Car la substance dans l'espace, ou la matière, n'est connue de nous que par des forces qu'elle y déploie, forces qui tendent à y pousser d'autres substances ou à les empêcher d'y pénétrer. Nous ne connaissons donc de la matière rien d'interne absolument ; ce que nous en connaissons n'est interne que comparativement, et consiste également dans de purs rapports dans l'espace. Car nous ne savons rien de la nature du quelque chose ou de la chose en soi qui constitue l'objet propre du phénomène appelé matière, et se plaindre de ne pas percevoir l'interne des choses, c'est se plaindre de ne pas comprendre par l'entendement pur ce que peuvent être en elles-mêmes les choses qui nous apparaissent ; plainte tout à fait déraisonnable, car autant vaudrait demander que nous pussions percevoir des choses sans le ministère des sens, c'est-à-dire que nous fussions, non pas des hommes, mais des êtres dont nous ne pouvons pas même dire s'ils sont possibles, bien moins encore ce qu'ils sont.

Quand Leibniz se représentait les substances comme des noumènes, il n'en pouvait donc rien conclure, sinon qu'elles doivent avoir quelque chose d'absolument interne, indépendant de tous rapports externes, de toute composition par conséquent, et qu'ainsi les substances, et même les parties constitutives de la matière doivent être des sujets simples. Mais on ne peut ensuite concevoir dans ces sujets d'autres accidents internes que ceux qui nous sont offerts par notre sens intime. Il était donc naturel qu'il leur attribuât également une faculté représentative. Ainsi donc furent consommées les *monades*, qui doivent constituer la matière première de tout l'univers, mais dont la vertu active ne consiste que dans des représentations. Mais alors comme toute substance n'est active qu'en elle-même, et ne s'occupe que de ses représentations, il n'y a aucun commerce, aucune action réciproque entre elles ; d'où Leibniz conclut naturellement qu'une troisième cause, agissant sur toutes les autres ensemble, doit avoir disposé de telle façon les conséquences de leurs états, qu'elles soient toujours dans une parfaite corrélation. Son principe de la communauté possible des substances ne pouvait donc être qu'une *harmonie préétablie*.

Pour ce qui est enfin de la *matière* et de la *forme*, ces deux concepts sont tellement inséparables dans l'usage de l'entendement, qu'ils servent même de base à toute autre réflexion. Le premier indique le déterminable en général, le second la détermination du déterminable. Déjà les logiciens appelaient le général la matière, et la différence spécifique la forme. On peut, dans tout jugement, appeler les concepts donnés la matière logique, et le rapport de ces concepts au moyen de la copule, la forme du jugement. Les parties essentielles (*essentialia*) de tout être en sont la matière ; la manière dont ces éléments sont unis en une chose, en sont la forme essentielle. Par rapport aux choses en général une réalité illimitée a été regardée comme la matière de toute possibilité, et la limitation (négation) de cette matière comme la forme par laquelle une chose se distingue d'une autre. Mais tout ceci n'est admissible qu'autant qu'on regarde les choses comme des objets de l'entendement pur, et qu'on ne s'occupe en conséquence que du concept en général. Car l'entendement veut avant tout que quelque chose soit donné (au moins en concept) pour pouvoir le déterminer d'une certaine manière; la matière précède donc la forme dans le concept de l'entendement pur. Mais, si nous ne nous occupons pas simplement de concepts vides, et que nous voulions les rapporter à des objets, alors la forme précède la matière. Car nos concepts ne pouvant pas se rapporter immédiatement à des objets, ne pouvant au contraire s'y appliquer qu'à l'aide de l'intuition sensible, les objets ne nous sont pas donnés par l'entendement pur, mais bien comme phénomènes par l'intuition sensible. Or, cette intuition suppose déjà l'espace et le temps comme formes pures de l'intuition. Quand donc il est question, non de simples concepts, mais de leurs objets, la forme précède toujours la matière.

Lors donc que Leibniz considérait toutes les substances comme des noumènes, il ne pouvait se représenter autre chose que l'antériorité de la matière par rapport à la forme. Il admit donc, en premier lieu, des monades, et les doua d'une faculté représentative interne. Mais comme la matière est néanmoins un phénomène dans l'espace et dans le temps, il dut nécessairement reconnaître aussi des rapports externes entre les substances. Il n'accordait cependant aucune espèce particulière d'intuition à la sensibilité; cherchant au contraire toutes les représentations, jusqu'aux empiriques mêmes, dans l'entendement seul; il ne laissa plus aux sens que la misérable fonction de confondre et de bouleverser les représentations de l'entendement, ne regardant les représentations sensibles que comme des concepts confus de l'entendement. Il dut donc chercher aussi dans l'entendement seul les rapports externes des substances à l'égard de l'espace et du temps. L'espace et le temps n'étaient donc pour lui que la forme intelligible de la liaison des substances et de leurs états comme choses en soi; l'espace était ainsi l'ordre dans le commerce des substances, et le temps la série de leurs états ; en sorte que les substances et leurs états comme matière précédaient l'espace et le temps comme formes de leur liaison.

Leibniz, trompé par l'amphibolie des concepts réflexifs, croyait donc connaître la nature intime des choses, puisqu'il ne comparait tous les objets qu'avec l'entendement et avec les concepts formels isolés de sa pensée. Si Locke avait *sensibilisé* tous les concepts intellectuels, en donnant les concepts réflexifs abstraits pour des concepts purement empiriques, Leibniz au contraire *intellectualisa* les simples phénomènes, et les regarda comme des représentations des choses en soi, qui ne se distinguent des concepts de l'entendement pur que d'une manière toute logique par rapport à la clarté, obscurcis qu'ils ont été par les sens. Au lieu donc de regarder l'entendement et la sensibilité comme deux sources distinctes de représentations, mais qui ne peuvent valablement juger des êtres objectivement qu'autant qu'elles sont unies, chacun de ces grands hommes ne s'attacha qu'à l'une d'elles, la fit rapporter immédiatement aux choses en soi, tandis que l'autre n'avait pour fonction que d'ordonner ou de bouleverser la représentation de la première. Leibniz, dans la comparaison des concepts aux objets sensibles, ne faisant aucune attention aux conditions particulières de leur intuition, ne fit reposer en réalité tout système intellectuel du monde que sur le faux principe logique que : Ce qui n'est pas contenu dans un concept général, ne l'est pas non plus dans le concept particulier. La fausseté de ce principe saute aux yeux, quand on fait attention que les concepts particuliers ne s'appellent ainsi que parce qu'ils renferment en soi plus de matière qu'on n'en conçoit dans le concept général [correspondant].

L'auteur, dans sa conclusion sur tout le sujet, fait voir les différentes sortes de Quelque chose et de Rien, et comment on peut les distinguer en se guidant sur les catégories.

1° Au concept de Tout, de Plusieurs et d'Un est opposé *Aucun*. Un concept sans un objet qui puisse être donné en intuition, est donc un *concept vide*, par conséquent un Rien (*ens rationis*), quoiqu'il n'y ait rien de contradictoire dans ce concept, par exemple, les noumènes ;

2° La réalité est Quelque chose. — La négation est le concept du défaut d'un Quelque chose. Quand donc la réalité manque à un objet du concept, c'est un *objet vide* et par conséquent un Rien (*ens privativum*), comme, par exemple, l'ombre, le froid ;

3° L'espace et le temps, comme simples formes de l'intuition, sont Quelque chose, il est vrai, mais, sans substances ; ils ne sont pas en soi des objets susceptibles d'être perçus ; dépourvus d'objets, l'espace et le temps ne sont donc que des *intuitions vides*, par conséquent un Rien (*ens imaginarium*);

4° Un concept qui se contredit lui-même n'étant rien, l'objet d'un concept contradictoire est un *objet vide sans concept*, un Rien par conséquent (*nihil negativum*), par exemple une figure à ligne droite de deux côtés.

LOGIQUE TRANSCENDANTALE.

DEUXIÈME DIVISION.
Dialectique transcendantale.

392-447. Le principal résultat de l'Analytique transcendantale a été celui-ci : que l'entendement se pose à lui-même ses limites, puisqu'il restreint tous ses concepts et tous ses principes aux seuls objets de l'expérience possible. Or, précisément les connaissances qui ont le plus de prix aux yeux de la raison, et qui sont par conséquent l'objet essentiel de la métaphysique, se trouvent complétement en dehors du champ de toute expérience. De là l'importance évidente de la question : Comment une métaphysique est-elle possible ? C'est-à-dire, comment la raison peut-elle parvenir à connaître des objets qui sont totalement en dehors de la sphère de l'expérience possible ?

Tous les concepts et tous les principes de notre entendement n'étant applicables qu'à des objets de l'expérience possible, il va déjà de soi que tout raisonnement rationnel qui tend aux choses en dehors de l'expérience possible, bien loin d'atteindre la vérité, ne doit nécessairement aboutir qu'à une *semblance* (1)

---

(1) Je traduis *Schein*, la vaine apparence, l'apparence mensongère, par le seul mot *semblance*. Je ne puis me servir du mot *apparence*, qui a déjà été employé pour rendre le mot *Erscheinung*, synonyme de phénomène, et qui est une apparence vraie. D'ailleurs le mot *semblance* est dans l'analogie du langage, puisqu'on dit *un semblant*. — T.

et à une *illusion*. Mais le propre de cette illusion, c'est qu'elle n'est pas moins inévitable pour notre raison que les illusions optiques pour nos yeux; à tel point qu'alors même que nous en apercevons déjà la fausseté, nous ne pouvons cependant pas plus nous en délivrer que l'astronome ne peut s'empêcher de voir la lune plus grande à son lever [qu'au méridien], ou la pleine mer plus élevée qu'au rivage. En effet, le simple champ de l'expérience ne nous satisfait point. Notre raison tend toujours, dans la liaison de ses connaissances, à une intégralité absolue. Mais cette intégralité ne peut jamais se trouver dans le champ des phénomènes, parce qu'elle ne s'y présente sans cesse que d'un conditionné à un autre, sans que la série des conditions soit jamais épuisée. Notre raison doit donc nécessairement, pour se satisfaire, essayer de franchir les limites de l'expérience, et en conséquence se persuader infailliblement qu'elle atteindra sur cette voie l'extension et l'intégralité de ses connaissances, qu'elle ne peut trouver dans le champ des phénomènes. Mais, on l'a déjà dit, cette persuasion n'est qu'une pure illusion; car tous les concepts et principes de notre entendement étant complétement vains en dehors des limites de l'expérience possible, et ne pouvant absolument pas être alors appliqués à un objet quelconque, la raison s'illusionne lorsqu'elle donne une valeur objective à des maximes subjectives, qu'elle n'admet que pour sa propre satisfaction.

Plus cette illusion est naturelle à la raison humaine, plus elle est inévitable, plus aussi est nécessaire pour le philosophe critique le devoir de la dissiper et d'empêcher que nous n'en soyons abusés. La science qui se propose cet objet, l'auteur la nomme *Logique* transcendantale de la *semblance*, ou *Dialectique transcendantale*. La dialectique transcendantale forme donc la seconde division de la logique transcendantale. En voici la substance.

Toute notre connaissance commence par les *sens*, continue par l'*entendement*, et finit par la *raison*, au-delà de laquelle il n'y a plus rien en nous qui puisse travailler la matière de l'intuition et la soumettre à l'unité suprême de la pensée. L'entendement est la faculté des règles; la raison, au contraire, est la *faculté des principes*. Par principes, l'auteur n'entend pas, comme on le fait ordinairement, toute connaissance qui sert de base à d'autres connaissances, telles que les propositions universelles en général, mais bien des propositions *synthétiques* [formées] de *simples concepts*. L'entendement ne peut donner des propositions synthétiques de cette nature, puisque tous ses principes *a priori* supposent l'intuition pure, ou des conditions d'une expérience possible, conditions sans lesquelles ces principes ne seraient absolument pas possibles. L'entendement ne s'occupe donc que de phénomènes, et leur donne de l'unité par le moyen des règles. La raison, elle, ne tend jamais immédiatement à l'expérience, ou à un objet quelconque, mais bien seulement à l'*entendement*, et ne s'occupe en conséquence que des règles de l'entendement et des connaissances diverses de cette faculté, afin de leur donner de l'unité à l'aide des principes, c'est-à-dire par de simples concepts. L'unité de la raison est donc essentiellement différente de l'unité de l'entendement.

L'usage logique de la raison consiste à *conclure*, c'est-à-dire à juger médiatement (par la subsomption de la condition d'un jugement possible à la condition d'un jugement donné). Dans tout raisonnement rationnel nous procédons effectivement ainsi : nous concevons d'abord dans la Majeure le jugement donné, à savoir, une *règle intellectuelle* générale; ensuite, dans la Mineure, et à l'aide du jugement, nous subsumons la condition d'un autre jugement possible à la *condition* de la règle. Enfin, dans la Conclusion, je détermine ma connaissance par le prédicat de la règle, par conséquent *a priori* par la raison en partant de simples concepts. Tout raisonnement n'est donc qu'un jugement, par le moyen de la subsomption de ses conditions à la majeure, comme règle universelle. Soit, par exemple, le raisonnement :

Tout composé est muable;
Les corps sont composés;
Donc les corps sont muables.

Nous portons, dans la conclusion, le jugement que le prédicat de la majeure, *muable*, convient au corps, *uniquement sous* la condition que les corps sont composés, parce que c'est là précisément la condition sous laquelle le prédicat est universellement valable dans la règle de la majeure. Les différents raisonnements rationnels reposent donc uniquement sur le rapport que la majeure présente comme règle entre une connaissance et sa condition. De plus, comme tous les jugements, en tant qu'ils expriment le rapport des connaissances dans l'entendement, sont ou *catégoriques*, ou *hypothétiques*, ou *disjonctifs*, il y a donc aussi trois sortes de raisonnements rationnels.

La nature des raisonnements rationnels prouve donc clairement que la raison n'arrive à la connaissance dans la conclusion que parce qu'elle en établit les principes ou conditions dans les prémisses. C'est ainsi, par exemple, que dans la proposition : Les corps sont muables, nous cherchons d'abord à l'aide de la majeure le principe du muable, à savoir le concept du composé. Or, comme les prémisses, lorsqu'elles ne sont pas déjà par elles-mêmes des propositions incontestables, doivent aussi être traitées comme des conclusions, il est alors indispensable de monter, par le moyen d'un prosyllogisme, à la condition de la condition, et cela aussi loin qu'il est nécessaire, c'est-à-dire jusqu'à ce qu'on arrive à une condition qui ne soit plus elle-même conditionnée, à un principe qui ne soit plus la conséquence d'autres principes. Telle est donc l'exigence de la raison dans son usage proprement logique; c'est, dans toute connaissance conditionnée, de remonter dans la série de ses conditions jusqu'à l'inconditionné, pour donner par cette opération aux connaissances diverses de l'entendement un enchaînement commun, et leur procurer l'unité systématique la plus haute possible. Toutefois, comme ce principe logique de la raison ne se rapporte qu'au traitement des concepts et des jugements de notre entendement, il a une valeur subjective ou logique à la vérité, mais il ne s'en suit pas encore qu'il puisse être rapporté aux objets, ou qu'il ait en même temps une valeur objective. De là donc la question : Si la raison a pour unique fonction de donner aux connaissances intellectuelles déjà fournies une certaine forme logique seulement ou une unité systématique, ou si elle peut s'isoler, et doit alors être encore regardée comme une source propre de concepts et de jugements qui proviendraient d'elle seule, et par lesquels elle se rapporterait aux objets? Plus brièvement : Si la simple raison, par elle seule, c'est-à-dire la raison pure *a priori*, produit des propositions synthétiques objectivement valables (1)?

Pour préparer la réponse à cette difficile question, l'auteur se demande d'abord sur quel fondement doit poser un semblable principe synthétique.

Premièrement donc. Le raisonnement rationnel n'ayant pas pour objet des intuitions, mais bien des concepts et des jugements, la raison pure, s'occupât-elle d'objets, n'a cependant aucun rapport immédiat avec les objets et leur intuition; elle n'en a qu'avec l'entendement et ses jugements. L'unité rationnelle n'est donc pas une unité de l'expérience possible; elle en diffère au contraire essentiellement, comme on l'a déjà dit. Si donc il y a des principes synthétiques de la raison pure, ces principes doivent être essentielle-

---

(1) Ob die Vernunft bloss vor (von?) sich d. i. die reine Vernunft *a priori* objectiv gueltige synthetische Grundsaetze enthalte? *p.* 87. — T.

ment différents des principes synthétiques de l'entendement pur.

Deuxièmement. Le principe logique de la raison n'ayant d'autre but, comme on l'a déjà fait voir, que de trouver, pour la connaissance conditionnée de l'entendement, l'inconditionné qui doit servir à lui donner l'unité, le principe synthétique suprême de la raison pure, s'il y en a un, doit consister uniquement à traiter ce principe subjectif comme une valeur objective. Le principe synthétique suprême de la raison pure serait donc celui-ci : *Si le conditionné* est donné, toute la série des conditions, par conséquent l'*inconditionné*, est donné (c'est-à-dire contenu dans l'objet et sa liaison). Mais l'inconditionné n'est pas un objet de l'expérience possible, puisque toute condition à laquelle nous conduit l'entendement pur dans le champ de l'expérience possible, est elle-même conditionnée. Le principe synthétique suprême de la raison pure conduit donc à un nouveau champ de concepts et de principes, dont tous les objets sont en dehors du domaine de l'expérience possible, et dont par conséquent l'entendement pur ne sait rien. L'auteur appelle ces concepts et ces principes, *transcendants*, par opposition à ceux qui ne se rapportent — comme le prescrit l'entendement — qu'aux objets de l'expérience possible, et qu'il appelle par cette raison *immanents*. Il nomme en conséquence l'usage de la raison pure, en tant que cet usage s'étend à des objets en dehors du champ de l'expérience possible, et par analogie à ce qui a été fait à propos de l'entendement, l'usage *transcendantal*, par opposition à l'usage *empirique*.

Les concepts auxquels conduit la raison pure, sont donc entièrement différents des concepts intellectuels purs, puisque ceux-ci ne sont applicables qu'aux objets de l'expérience possible, et que ceux-là ne se rapportent, au contraire, qu'à des objets qui ne peuvent jamais se rencontrer dans l'expérience. De même donc que l'auteur appelle, avec Aristote, Catégories les concepts intellectuels purs, de même il donne avec Platon le nom d'*Idées* aux concepts rationnels purs. Or, comme le concept que la raison renferme dans ses principes suprêmes n'aboutit qu'à l'intégralité ou totalité dans la série des conditions, par conséquent à l'inconditionné, une *idée* n'est autre chose qu'un concept de la totalité des conditions, ou un concept de l'inconditionné, en tant qu'il contient la raison de la liaison du conditionné. Cette totalité des conditions, ou l'inconditionné, est quelque chose d'entièrement absolu, c'est-à-dire qui vaut absolument et dans tout rapport, car l'enchaînement des conditions n'a de terme que dans un pareil *tout absolu* de l'ensemble des conditions, et dans un tel inconditionné absolument. Une idée est donc un concept qui a pour but le tout absolu de toute expérience possible, ou les conditions suprêmes et le premier principe de tous les phénomènes. Une idée est donc, par rapport à l'*objet*, quelque chose de très grand et qui dit beaucoup. Elle n'est sans doute pas non plus un concept arbitrairement fabriqué; c'est au contraire un concept donné par la nature de la raison même, comme les catégories sont données par la nature de l'entendement ; elle se rapporte par conséquent d'une façon nécessaire à tout l'usage intellectuel, et possède ainsi une *réalité subjective* parfaite. Mais pour ce qui est de la *connaissance de son objet,* une idée dit fort peu ; car ne pouvant avoir dans l'expérience aucun objet à elle adéquat, comme au concept d'un *maximum*, sa *réalité objective* ne peut pas plus se prouver qu'elle ne peut se réfuter ; elle est donc, comme le concept d'un noumène, un concept purement *problématique,* et l'on dit d'un semblable concept rationnel qu'*il n'est qu'une idée*. On peut donc dire aussi que la totalité absolue de tous les phénomènes, ou l'absolument inconditionné, n'est qu'une idée, c'est-à-dire un problème sans solution aucune, parce que nous ne pouvons jamais rien donner de semblable *in concreto;* tout ce que nous pouvons faire, c'est d'en approcher purement et simplement, sans jamais pouvoir nous en former une image adéquate.

La réalité subjective d'une idée consistant en ce que nous y sommes conduit par un raisonnement rationnel nécessaire, que les raisonnements soient d'ailleurs catégoriques, hypothétiques ou disjonctifs, il doit donc y avoir trois sortes d'idées de la raison pure. La forme des raisonnements *catégoriques*, forme qui consiste à s'avancer par prosyllogismes jusqu'à un sujet unique qui ne soit plus lui-même un prédicat, conduit à l'idée du *substantiel,* c'est-à-dire d'un sujet absolu, auquel s'attachent tous les accidents comme prédicats. La forme des raisonnements *hypothétiques*, consistant à s'élever à une supposition qui ne suppose plus rien, aboutit à une idée d'une *intégralité* absolue dans la série des *conditions des phénomènes*. La forme des raisonnements *disjonctifs*, consistant à atteindre une universalité des membres d'une division, dans laquelle plus rien ne manque, conduit enfin à l'idée suprême d'un *être* qui renferme la condition dernière de la *possibilité de tout en général* ce qui peut être conçu, et par conséquent, l'ensemble de *toute réalité*. La première idée est l'idée du substantiel, tant des corps que particulièrement de notre *âme ;* la deuxième est l'idée de l'*univers* ; et la troisième l'idée de l'*Être de tous les êtres*. La première est donc en général *physiologique* et spécialement *psychologique* ; la deuxième *cosmologique* ; la troisième *théologique*. Ainsi, la raison pure donne l'idée pour une *théorie rationnelle de l'âme* ou psychologie, pour une *science rationnelle du monde* ou cosmologie, et enfin pour une *connaissance rationnelle de Dieu* ou théologie. Ces concepts rationnels purs ou idées, par le fait qu'une conclusion rationnelle nécessaire nous conduit, ont une réalité subjective ; mais nous n'avons cependant aucune connaissance de l'objet qui leur correspond. De là des raisonnements rationnels au moyen desquels nous concluons de quelque chose que nous connaissons à quelque autre chose dont nous n'avons aucun concept, et à quoi nous accordons néanmoins une réalité objective. Ces raisonnements rationnels sont par conséquent dialectiques, c'est-à-dire qu'ils renferment une pure semblance ou illusion, et une illusion inévitable, attendu que la raison nous porte nous-mêmes à regarder la nécessité subjective d'une certaine liaison de nos concepts en faveur de l'entendement, comme la nécessité objective de la détermination des choses en soi. On doit donc prendre des précautions pour n'être pas dupe d'une semblable illusion. Or, on ne peut être prémuni que par l'instruction scientifique, c'est-à-dire par la critique de notre intelligence. Que cette illusion disparaisse, qu'elle cesse d'être une semblance, c'est ce que la raison ne peut jamais faire; le plus habile des hommes ne peut empêcher qu'il n'en soit ainsi. — Puisqu'il y a trois classes d'idées, il y a donc aussi trois classes de raisonnements rationnels dialectiques, à savoir, les psychologiques, les cosmologiques et les théologiques. L'auteur appelle les premiers des *Paralogismes* ; les seconds des *Antinomies* ; le troisième l'*Idéal* de la raison pure.

I.

Des paralogismes de la raison pure.

448-482. Il y a longtemps qu'on se plaint de ne pas connaître le sujet propre de toutes les substances, c'est-à-dire ce qui reste après en avoir séparé tous les accidents, par conséquent le *substantiel* même. Mais cette plainte est absurde. Car, puisque telle est la nature de notre entendement, de tout concevoir discursivement, c'est-à-dire par des concepts, par conséquent au moyen de simples prédicats, tout sujet que nous cherchons pour un prédicat d'une chose, ne peut être à son tour qu'un prédicat, et le sujet absolu doit nécessairement manquer toujours à cette chose. Il semble cependant que notre âme fasse exception. On dirait, ici, que nous possédons ce substantiel dans la conscience de nous-mêmes (dans le sujet pensant), et même en intuition immédiate. Car tous les prédicats de notre sens intime se rapportent au *moi* comme sujet, et ce sujet ne peut à son tour être conçu comme prédicat de quelqu'autre sujet. Ici donc l'intégralité dans le rapport de nos concepts comme prédicats à un sujet, ne semble pas n'être seulement qu'une idée; on dirait plutôt qu'elle est l'objet, à savoir, le *sujet absolu* même donné dans l'expérience; c'est-à-dire que l'idée du sujet absolu pensant semble avoir, non pas une réalité purement subjective, mais encore une réalité *objective*, et nous autoriser, par conséquent, à conclure sur sa nature, dans le cas même où la connaissance qu'on en a tombe entièrement hors du domaine de l'expérience possible. Il semble donc qu'il doit y avoir une psychologie rationnelle parfaitement indépendante de toute psychologie empirique, une psychologie pure, et pour laquelle nous n'avons besoin d'aucun autre principe que celui-ci : *Je pense*, ou plutôt de la simple représentation *moi*.

Les principales propositions auxquelles tout revient dans cette prétendue science, sont les quatre suivantes :

1° [Le moi est] une substance;
2° [Il est] simple;

3° [Il est] numériquement identique, ou une *personne* ;

4° L'existence de mon sujet pensant est seule certaine, tandis que l'existence de tous les objets extérieurs est douteuse.

La *première* de ces thèses se fonde sur le raisonnement :

Ce dont la représentation est le sujet absolu de tous nos jugements, et ne peut par conséquent servir de prédicat à nulle autre chose, est une *substance*.

Or, le moi, comme être pensant, est le sujet absolu de tous ses jugements possibles, et cette représentation du moi ne peut servir de prédicat à nulle autre chose.

Le moi, comme être pensant, est donc une *substance*.

Le raisonnement qui sert de base à la *deuxième* proposition est ainsi conçu :

Ce dont l'action ne peut jamais être regardée comme le concours de plusieurs choses agissantes est simple.

Or, l'âme ou le moi pensant est dans ce cas. En effet, si une pensée résultait du concours de plusieurs sujets pensants, chacun de ces sujets renfermerait une partie de la pensée, et tous les sujets ensemble la pensée totale. Ce qui est contradictoire, attendu que des représentations partagées entre différents êtres (par exemple les mots isolés d'un vers) ne peuvent jamais former une pensée totale (un vers).

L'âme est donc simple.

La *troisième* thèse s'établit ainsi :

Ce qui a conscience de l'identité numérique de soi-même dans les différents temps, est à ce titre une *personne*.

Or, c'est ce qui a lieu à l'égard de l'âme.

Elle est donc une personne.

La *quatrième* thèse enfin se prouve comme il suit :

Ce dont l'existence n'est pas immédiatement perçue, mais ne peut, au contraire, que se conclure comme une cause des perceptions données, n'a qu'une existence douteuse.

Or, je ne perçois immédiatement que la seule existence de mon sujet pensant ; je ne puis conclure à l'existence des objets extérieurs, au contraire, que comme à une cause de perceptions données.

L'existence de mon âme est donc seule certaine, et l'existence des objets extérieurs est douteuse.

Tous ces raisonnements sont traités de purs paralogismes par l'auteur ; c'est-à-dire qu'ils pèchent par la forme, et devraient s'appeler *sophismata figuræ dictionis*, si on voulait leur donner une dénomination logique. Dans ces quatre syllogismes, en effet, le prédicat de la majeure n'a qu'une valeur subjective, ou n'indique un quelque chose que dans notre esprit ; dans la conclusion, au contraire, ce prédicat est regardé comme quelque chose d'objectivement valable, ou comme quelque chose qui existe dans la réalité. On attribue donc à l'idée du sujet absolu de toutes nos pensées une réalité objective, parce qu'on se persuade qu'il nous est donné en intuition immédiate par le concept *moi*. Mais si le moi était un concept par lequel un objet quelconque fût pensé, il servirait aussi comme prédicat d'autre chose, il ne serait donc pas un sujet absolu. Si le moi était une intuition, cette intuition serait ou pure *a priori* ou empirique. Dans le premier cas, elle ne serait que la forme de l'intuition empirique, par conséquent pas un objet. Dans le second cas, au contraire, elle serait un objet empirique; par conséquent la science de cet objet serait une psychologie purement empirique, et non une psychologie rationnelle. Le moi n'est donc ni une intuition ni un concept de quelque objet; il n'est que la simple *conscience*, qui ne distingue aucun objet particulier, mais qui doit nécessairement accompagner toutes nos représentations sans distinction, lorsque des pensées ou des concepts doivent avoir lieu. Si le moi ou la conscience doit être supposé déjà pour qu'il y ait connaissance d'un objet, il est évident qu'il ne peut être connu lui-même du moi comme objet, mais qu'au contraire c'est une représentation parfaitement simple et vide de toute matière, et qu'ainsi le sujet absolu de nos phénomènes internes est un quelque chose à nous inconnu dont nous ne pouvons absolument rien savoir.

Pour ce qui est du *premier* raisonnement, que l'âme est une *substance*, il emploie dans la majeure le prédicat *substance* en dehors de toute condition de la sensibilité, et ne lui fait signifier que la représentation purement logique d'un sujet qui n'est pas à son tour prédicat. Donc, en vertu de ce qui précède, le concept intellectuel de substance n'indique ici qu'une forme purement subjective de la pensée, et n'est ainsi qu'un concept vide, sans aucune réalité objective. Pour qu'un raisonnement ne soit pas vicieux, il faut que le prédicat ait dans la conclusion le même sens que dans la majeure. Quand donc il est dit dans la conclusion que l'âme est une substance, cela signifie seulement que le moi est le sujet logique dont la pensée n'est qu'un prédicat. Mais si l'âme n'est une substance que dans ce sens, ce concept est entièrement vide et sans aucun rapport à un objet quelconque ; il ne nous apprend donc absolument rien de ce qu'est le sujet pensant, qui ne sert pas moins de fondement ou de substratum au moi qu'à toutes nos pensées. Il résulte donc de ce premier raisonnement de la psychologie, que l'âme est une substance logique, mais nullement ce qu'on prétend démontrer par là, savoir, que l'âme soit une substance réelle. Le concept d'une substance réelle consiste en ce qu'elle soit l'objet *permanent,* dont tout le muable n'est qu'une simple détermination, c'est-à-dire une manière d'exister de l'objet. Pour prouver régulièrement la substantialité de l'âme, il faudrait démontrer avant tout qu'elle est quelque chose de permanent. Il semble bien, à la vérité, qu'à travers le flux incessant de nos représentations, le moi soit un objet constant, parce que la conscience de nous-mêmes, qui constitue le moi, est toujours la même. Mais c'est ce qui ne se démontre point. En effet, le moi accompagne toutes nos pensées ; il est par conséquent une représentation qui se reproduit toujours dans toute pensée; mais comme la plus légère intuition n'est pas attachée à cette représentation du moi, ne le distingue pas des autres objets de l'intuition, on ne peut en aucune manière percevoir qu'il soit une intuition fixe et constante, au sein de laquelle les pensées se succèdent. Les phénomènes extérieurs ont, aux yeux du sens externe, quelque chose de fixe ou de permanent dans l'espace où ils sont représentés comme en dehors de nous, ce qui nous permet d'observer en eux le permanent. Mais le temps, qui est l'unique forme de notre intuition interne, n'a rien d'immuable; il ne fait donc connaître que la vicissitude des déterminations, mais pas l'objet déterminable. Car si je veux observer le simple moi dans la succession de toutes les représentations, je n'ai d'autre corrélatif de mes comparaisons que ce moi encore. Si donc je voulais regarder ce moi comme l'objet constant dans lequel se succèdent toutes les représentations, je supposerais déjà mal à propos ce que je voulais savoir, et je convertirais la simple identité de la conscience de moi-même en une identité et une permanence qui ne me conviendraient qu'autant que je serais un objet. Si donc je veux juger de mon moi comme d'un objet, je dois m'envisager au point de vue de quelque chose d'étranger; mais je ne pourrai jamais décider si ce moi qui, à titre de forme de la conscience, n'est qu'une simple pensée, n'est pas aussi passager que les autres pensées qui sont ainsi enchaînées les unes aux autres.

Le premier raisonnement psychologique n'étant

ainsi qu'un pur paralogisme, il s'ensuit déjà que les trois autres ne sauraient avoir plus de valeur. En effet, si l'on ne peut démontrer que l'âme est une substance, dans l'acception objective du mot, il doit être également indémontrable qu'elle soit une substance simple, numériquement identique, et le corrélatif de toutes les choses extérieures, choses dont l'existence ne nous est logiquement connue que par l'existence de notre âme. Toutefois la critique de l'auteur élucide encore chacun des trois autres raisonnements en particulier, pour en montrer d'autant plus sensiblement le vice.

Dans le *deuxième* raisonnement psychologique, que l'âme est une substance *simple*, le *nervus probandi* se trouve dans cette proposition : Pour qu'un certain nombre de représentations puissent former une pensée unique, il faut qu'elles soient contenues dans l'unité absolue du sujet pensant, loin de pouvoir être disséminées entre plusieurs sujets de cette nature. Mais personne ne peut prouver cette proposition, ni par l'expérience, ni par des concepts. On ne la prouve pas en partant de l'*expérience* d'abord, puisque l'expérience, loin de pouvoir enseigner jamais quoi que ce soit de nécessaire, est tout à fait en dehors du concept de l'unité absolue. On ne la prouve pas davantage en partant des *concepts*. Car l'unité d'une pensée qui résulte de plusieurs représentations est collective, et peut tout aussi bien se rapporter, d'après les simples concepts, à l'unité collective des substances qui contribuent à la pensée (1), qu'à l'unité absolue du sujet, comme, par exemple : Le mouvement d'un corps est le mouvement composé de toutes ses parties. Ici pas de contradiction des concepts. Si donc on exige pour la pensée l'unité absolue du sujet, c'est uniquement parce que sans cela on ne pourrait dire : Je pense (le divers dans une représentation *unique*). Car bien que le tout de la pensée pût être partagé et distribué entre plusieurs sujets, cependant le moi subjectif, que nous supposons néanmoins dans toute pensée, ne peut être ni divisé ni distribué. Mais comme on a déjà fait voir que le moi indique non pas un sujet réel de l'inhérence, mais simplement un sujet logique, un autre vice de ce second argument psychologique, c'est qu'on fait de la représentation *moi*, vide de toute matière, qui n'est par conséquent distinctive d'aucun objet particulier, le concept d'un objet pensant, et qu'on prend ainsi la simplicité de la première représentation pour une connaissance de la simplicité du sujet pensant. Pour que ce raisonnement fût juste, la conclusion : *Je suis simple,* ne devrait donc signifier que ceci : la représentation *moi* ne contient en soi aucune diversité ; elle est au contraire une unité logique absolue. Mais cette proposition est une pure tautologie, et ne nous apprend par conséquent rien du tout de la simplicité réelle de mon sujet, et n'est absolument d'aucun usage. Pour qu'elle fût utile, il

---

(1) Auf die collective Einheit der daran unwirkenden (mitwirkenden?) Substanzen, als..., *p.* 100. — T.

faudrait qu'elle pût servir principalement à distinguer notre âme de toute matière, et à la soustraire ainsi à la décadence qui est le partage de tous les corps. C'est bien là, en effet, le but de cette fameuse thèse psychologique. Or, il est incontestable sans doute que si la matière est un phénomène du sens externe, et que si notre sujet pensant ne nous est représenté que comme un objet du sens intime, le même sujet en tant qu'il pense ne peut être matériel et corporel. Mais qu'est-ce à dire? Cela seulement : que des êtres pensants ne peuvent, comme tels, jamais se rencontrer parmi des phénomènes externes dans l'espace, ou que des pensées, des désirs, une conscience ne peuvent jamais être perçus extérieurement, car tout ceci est du ressort du sens intime. Mais on se demande si le quelque chose à nous inconnu qui sert de fondement aux phénomènes extérieurs, et qui affecte notre sens de manière à lui faire recevoir les représentations d'espace, de matière, de forme, etc., ne pourrait pas être en même temps le sujet des pensées. Car bien que la même chose dans la manière d'affecter nos sens produise en nous l'intuition de l'étendu et du composé, il peut cependant, comme chose en soi, être absolument simple, parce que les prédicats *étendu* et *composé* ne concernent que la sensibilité. Par conséquent des pensées *en soi*, susceptibles d'être représentées avec conscience par leur propre sens intime, pourraient résider dans la substance capable d'étendue par rapport à notre sens externe. De cette manière ce serait la même chose qui par un côté s'appellerait corporelle par rapport au composé et au corporel, et qui, par un autre côté, serait aussi un être simple et pensant. Tout en accordant donc que l'âme est une substance simple, elle n'est cependant pas suffisamment distinguée, par le fait, de la matière quant au substratum, qui sert de fondement à cette dernière, puisque ce substratum nous est entièrement inconnu. Nous ne pouvons donc pas non plus savoir en quoi l'âme en diffère.

Le *troisième* argument psychologique, qui a pour but d'établir que l'âme a conscience d'être toujours la même substance, d'être par conséquent une personne, suppose déjà la permanence de cette substance, permanence qui n'est pas démontrable. Comme on l'a déjà fait voir dans la critique du premier argument, le vice du troisième consiste à faire de l'identité logique du moi une identité psychologique, qui lui appartiendrait comme à un objet. Car bien que le sujet pensant soit dans un état de vicissitude perpétuelle, la représentation moi pourrait cependant subsister et conserver toujours la pensée du sujet précédent, comme aussi la transmettre au sujet suivant. Une boule élastique qui en choque une autre toute pareille lui communique tout son mouvement. Si donc on se figure, par analogie, une série de substances pensantes dont la première communique son état, je veux dire ses représentations accompagnées de conscience, à la seconde; celle-ci, son état propre, plus l'état de la première, à une troisième; celle-ci encore, son état propre et les états des deux précédentes à une quatrième; la dernière substance aurait donc conscience de tous les états des substances antérieures, comme de son état propre, parce que tous ces états accompagnés de conscience auraient passé en elle; et cependant ce ne serait point la même personne dans tous ces états.

Pour ce qui est enfin du *quatrième* argument psychologique, à savoir, que l'existence de mon âme peut seule être immédiatement perçue par moi, et qu'il est certain par conséquent que l'existence des autres objets ne peut être que conclue, et qu'en ce sens elle est douteuse, il faut observer qu'il est assurément fort juste de dire que nous ne pouvons percevoir immédiatement que ce qui est en nous-mêmes, par conséquent notre propre existence, et qu'ainsi Descartes restreint avec raison toute perception, dans le sens le plus étroit du mot, à la proposition : Je (comme être pensant) suis.

Si donc quelque chose doit n'être pas en moi, mais bien exister hors de moi, je ne puis conclure son existence qu'en partant de mes perceptions internes, puisque je regarde ces perceptions comme l'effet dont quelque chose d'extérieur à moi est la cause la plus prochaine. Mais la conclusion d'un effet donné à une cause déterminée est toujours incertaine, parce que l'effet peut être dû à plus d'une cause. Il est donc toujours douteux, dans le rapport de la perception à sa cause, si ce quelque chose est en moi ou hors de moi. L'existence des objets dits extérieurs, fussent-ils des choses *en soi* qui se trouveraient réellement hors de nous, est cependant douteux absolument, et le quatrième argument psychologique parfaitement juste. Mais c'est en quoi précisément consiste l'illusion de ce raisonnement. Car la nature de notre sens extérieur consistant à nous réprésenter les objets dans l'espace, et cet espace avec tout ce qu'il renferme comme étant hors de nous, nous nous imaginons en conséquence que l'espace, ainsi que les objets que nous nous y représentons, sont des choses qui existent en réalité *hors de nous* (1), indépendamment de tout rapport avec notre sensibilité, et nous regardons par conséquent les phénomènes extérieurs comme des représentations produites en nous par des objets qui existent *en eux-mêmes hors de nous*. Mais, on l'a vu dans l'esthétique, c'est là une pure illusion. Car, l'espace, pas plus que le temps, n'est quelque chose de subsistant par soi-même, ou une condition des objets comme choses en soi ; c'est une pure forme de l'intuition, rien par conséquent d'objectif hors de nous, mais simplement quelque chose de subjectif en nous. Les corps que nous percevons dans l'espace ne sont donc pas non plus des choses qui existeraient en soi hors de nous; ce sont de purs phénomènes, ou des représentations en nous qui, comme nos autres pensées, n'appartiennent qu'au sujet pensant, quoiqu'ils aient cela d'illusoire que, représentant des objets dans l'espace, ils semblent en quelque sorte se détacher

---

(1) Die in der That auch ohne Beziehung auf unsere Sinnlichkeit, *an uns* (sich? *selbst ausser uns* oxistirten..., *p.* 104. — T.

de l'âme et flotter hors d'elle. Ainsi donc s'évanouit complétement toute espèce de doute à l'égard de l'existence des corps. Car s'ils ne sont qu'un mode particulier des représentations en nous, nous n'en percevons pas moins immédiatement l'existence que la nôtre propre, sans qu'il soit besoin d'y arriver par le raisonnement. Je reconnais donc non moins immédiatement, sur le simple témoignage de ma conscience, qu'il existe des corps, que je reconnais que mon âme même existe, en ce sens toutefois que je ne connais les deux choses qu'à titre de phénomènes, ne sachant du reste absolument rien de ce qu'elles peuvent être en elles-mêmes. Si l'on prétendait faire passer les corps, notre âme même, non pour des phénomènes, mais pour des choses en soi, alors, et l'existence de l'âme et l'existence des corps seraient également douteuses, puisque nous ne pouvons pas plus percevoir le quelque chose d'inconnu qui sert de fondement, comme substratum propre, à notre intuition interne, que ce qui cause notre intuition externe, et que nous ne pouvons ainsi conclure soit à l'existence de l'une, soit à celle de l'autre, que comme à des causes de perceptions internes et externes données, sans néanmoins savoir la plus légère différence entre l'âme et la matière, tant que l'on regarde l'une et l'autre comme des choses en soi ou sans rapport à notre sensibilité. Un système qui affirme l'existence des phénomènes externes prend le nom de *réalisme empirique*; le système qui le nie ou qui en doute, est l'*idéalisme empirique*. Un système qui regarde l'espace et le temps comme quelque chose de donné en soi, et par conséquent tous les phénomènes comme des choses en soi, qui existeraient indépendamment de nous et de notre sensibilité, est un *réalisme transcendantal*. Le système qui regarde l'espace et le temps comme de simples formes de notre intuition, et par conséquent tous les phénomènes comme de simples représentations en nous, et nullement comme des choses en soi, est l'*idéalisme transcendantal*. Un système qui admet l'existence de la matière aussi bien que l'être pensant, est un *dualisme*; celui qui reconnaît l'unité et la personnalité de l'âme, s'appelle *pneumatisme*; et celui qui tient l'âme elle-même pour matérielle est le *matérialisme*.

Il suit de ce qui vient d'être établi, que l'idéaliste transcendantal est un réaliste empirique et un dualiste; le réaliste transcendantal, au contraire, un idéaliste empirique; et qu'il n'y a là ni dualiste, ni matérialiste, ni pneumatiste possibles, parce que nous ne percevons absolument pas les choses en soi, et que nous n'en savons rien du tout. L'idéalisme transcendantal est le vrai système non seulement en soi, mais encore le système qu'il faut nécessairement admettre, si l'on ne veut pas tomber dans l'idéalisme empirique, et même se plonger dans une telle confusion que l'on ne puisse plus reconnaître ni le dualisme, ni le matérialisme, ni le pneumatisme.

Il résulte de là que toute la prétendue incertitude à propos de l'évidence des corps ne repose que sur la simple illusion, qui fait *hypostaser* ce qui n'existe que dans notre pensée, et l'admettre à titre d'objet réel hors de nous. Et à cette même illusion tiennent aussi toutes les prétendues difficultés que l'on pense rencontrer dans les questions de la possibilité du rapport de l'âme et du corps, du commencement de ce rapport ou de l'état de l'âme dans et avant notre naissance, et de sa fin, c'est-à-dire de l'état de l'âme dans et après la mort. Il paraît très étonnant, en effet, qu'il puisse s'établir, entre des choses si hétérogènes que notre âme et la matière, une liaison réciproque, et qu'il soit possible que notre être pensant produise du mouvement dans la matière, et que le mouvement et l'étendue de la matière produisent des représentations dans notre principe pensant. Mais l'illusion tient précisément à ce que l'on regarde la matière comme une sorte de substance tout à fait différente de notre âme, et qu'on s'imagine qu'elle existe réellement hors de nous telle qu'elle nous apparaît, c'est-à-dire telle qu'elle nous est représentée par notre sens externe, à savoir comme étendue et en mouvement, quand, en réalité, elle n'existe pas hors de nous comme elle nous apparaît, mais seulement à titre de pensée, comme toutes nos autres pensées en nous, bien que cette pensée nous la représente comme saisissable hors de nous par notre sens externe. Plus donc de questions sur l'union de l'âme avec d'autres substances hétérogènes hors de nous, mais uniquement par la liaison des représentations de notre sens intime avec des modifications de notre sensibilité externe, c'est-à-dire par la possibilité de l'intuition externe, celle de l'espace et de son plein, dans un sujet pensant en général. A cette question nul ne peut répondre ; c'est une lacune de notre savoir que nous ne pourrons jamais remplir, mais qu'il sera toujours possible de signaler, en assignant les phénomènes externes à un objet transcendantal, qui est la cause de cette espèce de représentation, mais qui n'est pour nous qu'un quelque chose d'inconnu en général, dont nous n'avons pas la moindre notion. De là donc la solution de toutes les difficultés que l'on croit rencontrer dans les questions relatives à l'état de l'âme avant la naissance et après la mort. La question, par exemple, de savoir si le sujet pensant a déjà pu penser avant toute union avec le corps, revient donc proprement à savoir si, avant le commencement de cette espèce de sensibilité par laquelle quelque chose nous apparaît dans l'espace, ces mêmes objets transcendantaux qui nous apparaissent dans l'état présent comme des corps, peuvent avoir été perçus par nous d'une toute autre manière. Mais la question de savoir si l'âme, après sa séparation d'avec le monde corporel, pourra continuer encore de penser, signifie proprement ceci : Le mode actuel de notre sensibilité, par lequel des objets transcendantaux, et pour le moment tout à fait inconnus, apparaissent comme objets dans l'espace, c'est-à-dire comme monde matériel, doit-il cesser, toute intuition de ces objets en général doit-elle également cesser ; ou ne serait-il pas possible que ces mêmes objets inconnus continuassent d'être connus de notre sujet pensant, quoique, bien entendu, plus en qualité de corps, mais de quelqu'autre manière? Personne, à la vérité, ne peut établir démonstrativement que la chose soit possible ; mais aussi personne ne peut prouver qu'elle ne le soit pas. Car tout le monde est également ignorant sur la cause absolue et interne des phénomènes extérieurs dans notre état présent ; personne donc ne peut affirmer avec fondement que la condition de toute intuition externe, ou que le sujet pensant lui aussi, disparaîtra par la mort.

C'en est donc fait de toute la psychologie rationnelle, puisqu'elle ne se compose que de purs paralogismes ; elle s'évanouit comme une science qui dépasse toutes les forces de la raison humaine, et il ne nous reste plus qu'à étudier notre âme en suivant le fil de l'expérience, et à nous renfermer dans les limites des questions dont la matière ne sort pas de l'expérience interne possible. Toutefois, en ne la regardant que comme un traité critique de nos raisonnements dialectiques, et même de la raison commune et naturelle, la psychologie rationnelle a cependant une utilité négative imposante, en ce qu'elle rassure parfaitement le principe pensant contre les dangers du matérialisme. Car tant s'en faut qu'il reste la moindre chose à craindre pour l'existence de la pensée et celle de tout être pensant, par la suppression de la matière, qu'il est au contraire évident qu'en faisant abstraction du sujet pensant, on doit faire disparaître du même coup tout l'univers corporel, par la raison que cet univers n'est autre chose que l'expérience dans la sensibilité de notre sujet, et un de ses modes de représentation. Il est vrai qu'alors le sujet pensant lui-même continue à m'être parfaitement inconnu en soi. Mais comme il est néanmoins possible que je tire d'ailleurs que de raisons spéculatives un motif d'espérer pour ma nature pensante une existence indépendante, et qui puisse durer à travers toutes les vicissitudes possibles de mon état interne, c'est avoir assez avancé déjà, malgré le libre aveu de ma propre ignorance, que de pouvoir repousser avantageusement toutes les attaques d'un adversaire spéculatif quelconque, et de lui faire voir qu'il ne pourra jamais rien savoir de plus sur la nature de mon sujet pensant pour me contester la possibilité de mes espérances, que je n'en puis savoir moi-même pour m'y attacher.

II.

Des antinomies de la raison pure.

483-675. L'idée à laquelle est conduite la raison par la forme des raisonnements catégoriques, a pour but le sujet absolu de toutes les pensées en général, et par conséquent est psychologique. Mais l'idée à laquelle la raison est conduite par la forme des raisonnements hypothétiques, aboutit à l'intégralité absolue dans la série des conditions des phénomènes donnés, et par conséquent est *cosmologique*. Par cette idée la raison veut donc l'intégralité des conditions que l'entendement seul peut concevoir par rapport aux phénomènes donnés, et tend ainsi à s'élever jusqu'à la condition qui est elle-même inconditionnée, suivant le principe : Si le conditionné est donné, toute la série des conditions, par conséquent, l'inconditionné, est aussi donné. Il doit donc y avoir autant d'idées cosmologiques qu'il y a, d'après la table des concepts intellectuels purs, de différentes séries de conditions des phénomènes. Or, le temps et l'espace sont d'abord les grandeurs primitives de tous les phénomènes, et chaque temps donné suppose tout le temps qui précède, comme chaque espace donné suppose un espace conçu en dehors de celui-là et qui le limite. La raison veut donc, suivant la catégorie de la quantité, *une intégralité absolue des grandeurs du monde,* soit dans l'intuition de leur durée passée, soit dans celle de l'espace qu'elle saisit. En second lieu, la matière, c'est-à-dire le réel dans l'espace, est un conditionné dont les conditions intérieures sont des parties. La raison veut donc, suivant la catégorie de la qualité, *une intégralité absolue dans la division de la matière.* Quant aux catégories du rapport réel, l'idée à laquelle aboutit la catégorie de la substance, n'est pas cosmologique ; elle est psychologique, parce que les accidents, en tant qu'ils s'attachent à une substance unique, sont, non pas subordonnés mais seulement coordonnés entre eux, et ne forment ainsi aucune série de conditions. Au contraire, le concept de cause et d'effet donne une série de conditions, et la raison exige, en conséquence, dans tout ce qui arrive, une *intégralité absolue dans la série des causes.* En quatrième lieu, les catégories de la modalité n'aboutissent à une série qu'autant que le *contingent* doit toujours être regardé comme conditionné dans l'existence. Ici donc la raison exige *une intégralité absolue* dans les *conditions de l'existence contingente*, c'est-à-dire la *nécessité inconditionnée*.

Il n'y a donc que quatre idées cosmologiques. La raison, en effet, cherche une intégralité absolue :

1° Dans la composition de l'univers, au point de vue de l'espace et à celui du temps;

2° Dans la division de la matière;

3° Dans l'origine d'un phénomène;

4° Dans la dépendance de l'existence de ce qui est muable.

Il est très digne de remarque ici, que les arguments dialectiques auxquels conduit l'idée psychologique du sujet de notre pensée, ne produisent qu'une illusion unilatérale ; si bien qu'ils favorisent uniquement le pneumatisme, sans que la moindre illusion résulte des concepts rationnels en faveur du contraire. Il en est tout différemment avec les idées cosmologiques. Chacune d'elles conduit à deux arguments opposés de la même force, en telle sorte que la thèse et l'antithèse se prouvent avec la même rigueur. De là le fait remarquable de la raison en contradiction avec elle-même, et encore d'une façon toute spontanée, d'une manière toute naturelle et inévitable, sans que cette opposition soit l'œuvre artificielle de sophismes conçus dans ce dessein. Toute thèse cosmologique, en effet, qu'il plairait à la raison d'embrasser est de telle nature qu'il y a des raisons aussi bonnes et aussi nécessaires pour la nier que pour l'affirmer. Ce qui fait que toute la cosmologie rationnelle ne se compose que de pures *antinomies*, c'est-à-dire de propositions où la thèse et l'antithèse se prouvent avec la même rigueur. C'est ce que l'auteur fait voir pour les quatre idées cosmologiques successivement.

Première antinomie.

THÈSE.

Le monde a eu un commencement dans le temps, et une limite dans l'*espace*.

Preuve. En effet, si l'on suppose que le monde n'a pas de commencement, une éternité déjà serait passée; par conséquent une série infinie d'états des choses se serait écoulée dans le monde. Ce qui est impossible, attendu que l'infinité d'une série consiste précisément à ne pouvoir jamais être complétée par une composition successive. Le monde n'a donc pas de commencement.

De même, si l'on admet que le monde est illimité quant à l'espace, il faut admettre aussi qu'il est un ensemble infini donné de choses simultanément existantes. Or, nous ne pouvons concevoir la grandeur d'un tout infini que par la composition successive des parties. La composition successive des parties d'un monde infini devrait donc être regardée comme accomplie actuellement; c'est-à-dire qu'un temps infini devrait s'écouler pendant le dénombrement de toutes les choses qui coexistent ; ce qui est impossible. Le monde est donc limité en étendue.

ANTITHÈSE.

Le monde n'a pas de commencement dans le temps, ni de limite dans l'espace.

Preuve. Si l'on admet que le monde a eu un commencement, il faut qu'il y ait eu auparavant un temps où le monde n'était pas, c'est-à-dire un temps vide. Mais aucune naissance d'une chose quelconque n'est possible dans un temps vide, parce qu'aucune partie d'un temps vide plutôt qu'une autre quelconque ne renferme en soi touchant l'existence une condition qui se distingue de la condition de la non-existence (tout en supposant que la chose ait lieu d'elle-même ou par une autre cause). Le monde n'a donc pas de commencement.

De même si l'on admet que le monde est limité quant à l'espace, il se trouve alors dans un espace vide qui n'est pas limité. Il y aurait donc non seulement un rapport des choses *dans* l'espace, mais encore un rapport des choses *à* l'espace. Mais l'espace est la pure forme de l'intuition externe, et non quelque objet qui puisse être perçu extérieurement, et avec lequel par conséquent le monde puisse être en rapport. Le rapport du monde à l'espace vide est donc un rapport du monde à *aucun objet* [à rien]. Et comme un semblable rapport n'est rien, la limitation du monde par un espace vide n'est rien non plus. Le monde ne peut donc pas être limité en étendue.

Deuxième antinomie.

THÈSE.

Toute substance composée dans le monde l'est de parties simples, et rien n'existe nulle part que le simple, ou ce qui en est composé.

Preuve. En effet, si l'on admet que les substances composées ne le sont pas de parties simples, alors, quand l'on détruit par la pensée toute composition, il ne reste plus ni composé, ni partie simple, absolument rien par conséquent, en sorte qu'il n'y aurait plus aucune substance. Or cependant, toute substance, comme être permanent, subsiste de soi. La composition n'est donc, dans les substances, qu'une relation contingente de ces substances. Toute composition peut donc être enlevée par la pensée dans une substance composée. Si donc les substances composées ne l'étaient pas de parties simples, il n'y aurait pas de substances qui pussent servir à les former. Et comme cela même est contradictoire, il faut donc que toute substance composée le soit de parties simples. D'où suit immédiatement que les choses du monde sont toutes des êtres simples, et que la composition n'est que leur état extérieur.

ANTITHÈSE.

Aucune substance composée dans le monde ne l'est de parties simples, et il n'existe nulle part dans le monde rien de simple.

Preuve. Supposons une substance composée de parties simples. Comme toute composition par substances n'est possible que dans l'espace, l'espace occupé par le composé doit comprendre autant de parties, ni plus ni moins, qu'il y en a dans le composé. Or, chaque partie de l'espace est lui-même un espace. Chaque partie de la substance composée, par conséquent chaque partie simple de cette substance devrait occuper un espace. Mais tout réel qui occupe un espace comprend en soi une diversité dont les éléments sont en dehors les uns des autres, diversité par conséquent composée, et même de substances (parce que des accidents sans substance ne pourraient pas être en dehors les uns des autres). Toute partie simple serait donc composée de substances. Et comme il y a là contradiction, c'est qu'aucune substance composée ne peut l'être de parties simples.

De plus, l'existence de substances simples dans le monde en général ne peut se démontrer par aucune expérience, soit externe soit interne. Car si la chose était possible, l'intuition de ces substances ne renfermerait absolument aucune diversité dont les éléments fussent en dehors les uns des autres. Mais comme on ne peut légitimement conclure de la non-conscience d'une semblable diversité à son impossibilité, alors l'existence d'une substance simple ne peut être donnée dans aucune expérience possible. Or, comme le monde sensible est l'ensemble de toutes les expériences possibles, rien de simple n'y existe donc. Une substance simple n'est au contraire qu'une pure idée, à laquelle ne peut correspondre aucun objet de l'expérience. Une substance simple n'est donc qu'un concept sans objectivité réelle.

Troisième antinomie.

THÈSE.

Tout n'a pas lieu dans le monde suivant des lois physiques, il y a aussi une causalité libre.

Preuve. Supposons, en effet, que tout dans le monde arrive suivant des lois physiques ou naturelles, tout ce qui a lieu supposerait alors un état précédent auquel il succéderait inévitablement suivant une règle. Mais cet état antérieur serait aussi quelque chose qui serait arrivé, parce que s'il avait toujours été ses conséquences n'auraient pas eu non plus de commencement; elles auraient toujours été. Cet état lui-même en suppose donc encore un autre antérieur, etc. Il n'y aurait donc pas de cause première, par conséquent aucune intégralité de la série du côté des causes qui dérivent les unes des autres. Or, ceci est contraire à la loi de la nature, loi qui consiste tout juste en ce que rien n'arrive sans cause suffisamment déterminée *a priori*. Tout dans le monde ne peut donc pas arriver suivant des lois physiques; il faut donc qu'il y ait une causalité par le moyen de laquelle il arrive quelque chose sans que la cause en soit encore ultérieurement déterminée par une autre cause précédente suivant des lois nécessaires. C'est-à-dire qu'il doit y avoir une *spontanéité absolue* des causes, capable *de commencer d'elle-même* une série de phénomènes qui se déroule [ensuite] d'après des lois physiques, par conséquent une *liberté*.

ANTITHÈSE.

Il n'y a pas de liberté; tout au contraire n'a lieu dans le monde que suivant des lois physiques.

Preuve. Admettons, en effet, qu'il y ait une liberté, c'est-à-dire une faculté de commencer d'une manière toute spontanée un état, par conséquent aussi une série de conséquences de cet état, en telle sorte que rien de propre à déterminer cette série suivant des lois constantes ne lui soit antérieur. Or, cependant tout commencement d'action présuppose un état d'une cause non encore agissante, et un commencement dynamiquement premier de l'action suppose un état qui n'a aucun rapport de causalité absolument avec l'état antérieur de la même cause, c'est-à-dire qu'il n'en provient en aucune façon. Et comme tout ceci est contraire au principe de causalité, principe qui sert néanmoins de base à la possibilité de l'expérience, il ne peut y avoir aucune liberté dans le monde; cette liberté n'est donc qu'une pure chimère.

Tout donc n'arrive dans le monde que suivant des lois naturelles nécessaires, et si la liberté ou l'indépendance à l'égard des lois de la nature est à la vérité une exemption de contrainte, elle est aussi un affranchissement du fil conducteur de toutes les règles, une complète anarchie par conséquent. Avec cette hypothèse, c'en serait fait de toute possibilité d'une expérience universellement liée.

Quatrième antinomie.

THÈSE.

Il existe un être absolument nécessaire, comme cause première du monde, et qui même en fait partie.

Preuve. Le monde contient, en effet, une série de changements, et chaque changement est soumis à sa condition qui le précède dans le temps, et à laquelle il est nécessairement soumis. Mais tout conditionné qui est donné, suppose quant à son existence une série complète de conditions, jusqu'à l'absolument inconditionné, et cet inconditionné est quelque chose d'absolument nécessaire. Il doit donc exister quelque chose d'absolument nécessaire, d'où procède la série de tous les changements. Or, comme en outre le commencement d'une succession ne peut être déterminé que par ce qui précède, la condition suprême du commencement d'une série de changements doit donc exister dans un temps où cette série n'est pas encore. La causalité de l'être nécessaire, par conséquent aussi cet être lui-même, appartient donc au temps, par conséquent au phénomène, par conséquent au monde sensible, comme à l'ensemble de tous les phénomènes. L'être nécessaire fait donc partie du monde (que ce soit maintenant toute la série cosmique même, ou seulement une partie de cette série universelle).

ANTITHÈSE.

Il n'existe aucun être absolument nécessaire, comme cause, ni dans le monde ni hors du monde.

Preuve. Si l'on suppose, en effet, que le monde lui-même soit un être nécessaire ou qu'il y en ait un en lui, il y aurait alors dans la série des changements cosmiques un commencement qui serait nécessairement inconditionné, par conséquent sans cause; ce qui répugne à la loi de causalité. Ou bien la série elle-même serait sans aucun commencement, par conséquent contingente et conditionnée dans toutes ses parties, mais absolument nécessaire et inconditionnée dans son ensemble; ce qui est contradictoire, attendu que l'existence d'une multiplicité ne saurait être nécessaire, si l'existence d'aucune partie individuelle n'est nécessaire. Aucun être absolument nécessaire n'est donc ni le monde lui-même, ni dans le monde.

Suppose-t-on, en outre, qu'il y ait hors du monde une cause du monde absolument nécessaire, cette cause, en commençant tout d'abord la série totale des événements cosmiques, commencerait elle-même d'agir; sa causalité, et par conséquent aussi elle-même serait dans le temps; elle appartiendrait donc à l'ensemble des phénomènes, c'est-à-dire au monde. Et comme il y a là contradiction avec l'hypothèse, il ne peut donc y avoir aucun être absolument nécessaire comme cause du monde, en dehors du monde même.

L'opposition extraordinaire de la raison à elle-même est donc sensible ici ; chacune de ses assertions cosmologiques est en effet de telle nature que l'assertion contraire peut être soutenue avec la même rigueur. Nous ne pourrions donc nous prononcer dans ces quatre cas pour la thèse plutôt que pour l'antithèse, s'il ne s'y mêlait un certain intérêt qui passionne les uns en faveur de la thèse, les autres en faveur de l'antithèse.

Du côté de la *thèse* se montre d'abord un certain *intérêt pratique* auquel s'attache cordialement tout homme bien pensant. Que le monde ait un commencement ; que mon sujet pensant soit d'une nature simple, incorruptible ; qu'en même temps il soit libre dans ses actes arbitraires ; qu'enfin l'univers entier dérive d'un être premier dont il tire toute son unité harmonique : ce sont ici autant de pierres angulaires de la morale et de la religion que l'antithèse nous ravit, ou qu'elle semble du moins nous ravir. Un autre côté par lequel la thèse se recommande à l'intérêt *spéculatif,* c'est que l'entier enchaînement des conditions peut y être parfaitement saisi *a priori*, puisqu'on commence par l'inconditionné, et qu'ainsi chaque édifice des connaissances est achevé, quand au contraire l'antithèse nous renvoie toujours d'une condition à une autre, et ne fait que reculer sans fin la question. Troisièmement, la thèse se recommande très fort par l'avantage de la *popularité*, puisque l'entendement commun, plus habitué à descendre aux conséquences qu'à s'élever aux principes, ne trouve aucune difficulté dans les concepts de l'absolument premier, sur la possibilité duquel il ne subtilise pas; il y trouve au contraire une commandite, et un point fixe auquel il rattache le fil conducteur de ses pas. Dans l'antithèse au contraire, il ne peut trouver aucun plaisir à s'élever incessamment d'une condition à une autre, ayant ainsi un pied toujours en l'air. Ajoutons à cela l'intérêt de la vanité, puisque le sens commun se trouve, par l'affirmation de la thèse, dans un état où l'homme le plus savant ne peut rien prétendre sur lui, puisqu'il n'en sait pas plus que lui sur l'absolument inconditionné. Avec l'antithèse, où il s'agit d'une simple investigation de la nature, le sens commun se trouve au contraire dans la nécessité de confesser son ignorance, et de s'en rapporter au savant.

C'en est donc fait de ce quadruple intérêt du côté de l'antithèse, et il n'est par conséquent pas à craindre qu'elle franchisse jamais le seuil de l'école et qu'elle acquière dans la république quelque faveur auprès de la multitude. La raison y trouve au contraire un intérêt *spéculatif* très attrayant, intérêt qui dépasse de beaucoup celui de même nature que présente la thèse. Dans l'antithèse, en effet, l'entendement procède toujours empiriquement dans l'explication des phénomènes, sans mettre en principe un début intellectuel; il conserve ainsi une parfaite uniformité dans la façon de penser et une parfaite unité de maxime ; il reste toujours sur son propre terrain, à savoir le champ des expériences purement possibles, dont il peut rechercher les lois, et par le moyen desquelles il peut étendre sans fin sa certaine et saisissable connaissance, sans pénétrer dans le domaine des idées, auxquelles il ne connaît pas d'objets, parce qu'ils ne peuvent jamais être donnés comme des choses de pensée. Si donc le philosophe empirique, avec ses antithèses, n'a d'autre but que de rabattre la curiosité et la présomption d'une raison qui méconnaît sa véritable destination, qui prétend *voir* et *savoir* où cessent précisément le voir et le savoir, alors son principe est une maxime de réserve dans les prétentions, de modestie dans les assertions, et en même temps de la plus grande extension possible de notre entendement sous la direction du seul maître que nous ayons, l'expérience. Dans ce cas, en effet, il ne nous donne pas les *suppositions* intellectuelles et la *foi* à l'appui de notre intérêt pratique ; il se borne à demander qu'on ne puisse la faire passer pompeusement pour de la science et des vues rationnelles, par la raison que le savoir spéculatif propre ne peut avoir d'autre objet que celui de l'expérience. Si le philosophe empirique voulait faire du dogmatisme avec ses antithèses mêmes, et nier hardiment ce qui dépasse la sphère de sa connaissance intuitive, il tomberait, lui aussi, dans un défaut de modestie d'autant plus répréhensible alors qu'un préjudice irréparable serait par là porté à l'intérêt pratique de la raison. Telles sont les antithèses d'Epicure contre les thèses de Platon, bien qu'encore on puisse douter si Épicure a jamais présenté ses principes comme des affirmations objectives, ou plutôt comme de simples maximes de l'usage spéculatif de la raison. Chacun d'eux affirmait plus qu'il ne savait. Épicure demandait le savoir, dût-il tourner au préjudice de la pratique. Platon fournissait au contraire, par ses maximes, des principes excellents à la pratique, mais en permettant par le fait à la raison de s'attacher à des explications idéales des phénomènes, et de leur sacrifier l'investigation physique.

En général, toutes les affirmations cosmologiques, qu'on se déclare pour la thèse ou pour l'antithèse, sont de telle nature qu'il en résulte un pur non-sens dans les deux cas, puisque l'idée du monde est toujours ou trop grande ou trop petite pour nos concepts intellectuels. Soit, en effet, d'abord que le monde n'ait pas de commencement ni de limite dans l'espace ; il est alors inaccessible, et par conséquent trop grand pour notre concept intellectuel, qui ne consiste que dans un progrès successif. A-t-il au contraire un commencement, est-il de plus limité en étendue : l'entendement demande encore alors avec raison, qu'est-ce qui détermine ces bornes. Le monde est donc toujours trop petit, en ce cas, pour notre concept intellectuel.

Admet-on, en second lieu, que la matière ne se compose pas de parties simples, mais bien qu'elle soit divisée à l'infini : la régression dans la division se trouve alors trop grande pour notre entendement. Se compose-t-elle au contraire de parties simples, en sorte que la division s'arrête à une partie quelconque :

alors la régression dans la division est toujours trop petite pour notre concept. Suppose-t-on, en troisième lieu, que tout arrive suivant les lois naturelles : la régression dans la série des causes se trouve encore trop grande pour notre entendement. Si quelque chose arrive au contraire par liberté, l'entendement cherche toujours un nouveau pourquoi, et la régression dans la série des causes devient, en ce cas, toujours trop petite pour notre concept. Si l'on suppose, en quatrième lieu, qu'il existe un être absolument nécessaire, on le place alors dans un temps infiniment éloigné de tout moment donné, parce qu'autrement il dépendrait d'une existence autre et plus ancienne; son existence est donc inaccessible et trop grande pour notre concept. Tout dans le monde est-il au contraire contingent : alors l'entendement, à chaque existence donnée l'une après l'autre, demande toujours après celle dont elle dépend, en telle sorte que chaque existence donnée est alors trop petite pour notre concept. Les idées cosmologiques ne pouvant en aucune manière cadrer avec l'entendement, il s'en suit déjà le soupçon fondé qu'elles pourraient bien avoir pour base, et par conséquent avec elles aussi toutes les affirmations cosmologiques en contradiction mutuelle, un concept vide et totalement imaginaire sur la manière dont l'objet de ces idées est donné.

On se demande donc en quoi consiste cette illusion, et comment, par conséquent, ce combat singulier de la raison avec elle-même peut se terminer ? L'illusion qui aveugle si fort en tout ceci la raison, consiste uniquement à regarder le monde comme une chose en soi, qui serait donnée en elle-même et en dehors de notre représentation, quant à sa totalité absolue, lors cependant que le monde, comme monde sensible, n'est que l'ensemble des phénomènes, qui n'existent comme objet des sens que dans notre représentation. Car les huit propositions qui précèdent, thèses et antithèses, reposent toutes sur ce raisonnement : Si le conditionné est donné, la série entière de toutes ses conditions est également donnée. Or, des objets des sens nous sont donnés comme conditionnés. Donc, etc. Mais la majeure de ce raisonnement n'a de valeur qu'autant que le conditionné et sa condition sont des choses en soi. En effet, l'entendement ne les pense que par des concepts purs, sans faire attention si et comment nous pouvons parvenir à leur connaissance. Or, le concept pur du conditionné renferme déjà celui de la condition ; en telle sorte que le premier est impossible sans le second. Et comme il en est ainsi de chaque membre dans la série des conditions, la série complète de toutes ses conditions, par conséquent l'inconditionné, est en même temps donnée ici par le conditionné. Mais si, au contraire, le conditionné ainsi que sa condition sont non pas des choses en soi, mais de simples phénomènes, la majeure n'est plus admissible. Car alors les phénomènes n'étant plus donnés par des simples concepts, mais seulement par des perceptions ou à titre d'objets dans l'espace et le temps, les conditions ne sont plus du tout données ici par le conditionné ; je puis seulement passer d'une manière purement progressive du conditionné à la condition ; je ne puis donc conclure en aucune manière à la totalité absolue dans la série des conditions comme à quelque chose de donné. Au contraire, comme tout phénomène est quelque chose de conditionné, il n'y a de *donné* ici par le concept du conditionné que la régression successive à toutes les conditions, comme postulat logique. C'est-à-dire que la raison m'ordonne de remonter incessamment la série des conditions des phénomènes donnés, sans jamais pouvoir m'arrêter à un absolument conditionné, sans par conséquent poser pour limite absolue aucune limite empirique. Il est donc clair que la majeure du raisonnement dont il s'agit ne porte que sur des choses en soi, et nullement sur des phénomènes. Dans la mineure, il s'agit au contraire du monde sensible, par conséquent des phénomènes. Cet argument renferme donc le vice dialectique connu sous le nom de *sophisma figuræ dictionis*. L'illusion attachée aux huit preuves des quatre sortes d'antinomie vient donc uniquement de ce qu'on applique l'idée de la totalité absolue des conditions, idée qui n'est applicable qu'aux choses en soi, aux phénomènes eux-mêmes, qui n'ont d'existence que dans la représentation, et qui, lorsqu'ils composent une série, n'existent que dans la régression successive de nos représentations, et pas autrement. Si le monde sensible n'était pas un pur phénomène, mais une chose en soi, les huit arguments ne seraient pas des illusions ; tous seraient fondés et concluants. Il faudrait donc absolument tenir pour légitimes les quatre antinomies, et dire que la thèse et son opposée contradictoire seraient vraies en même temps, par exemple que le monde serait et ne serait pas fini. Ce qui est absurde. Ces quatre antinomies sont donc une preuve indirecte de la vérité de l'idéalisme transcendantal, à savoir que le monde sensible tout entier n'est pas une chose en soi, qu'il n'est, comme monde sensible, qu'un pur phénomène, lequel n'a d'existence que dans notre représentation.

Ainsi donc est dissipée l'illusion des arguments des quatre antinomies, et les deux partis contendants, ceux qui tiennent pour la thèse aussi bien que les partisans de l'antithèse, sont déboutés du même coup avec leurs prétendues démonstrations. Car les uns et les autres supposent faussement dans leurs preuves la totalité absolue du monde comme donnée par rapport à chaque série de conditions en quelque sorte inaperçues, quand, dans la réalité, le monde, comme ensemble de phénomènes qui n'existent que dans notre représentation, n'est qu'une régression successive d'une condition à une autre; régression qui n'est jamais regardée comme achevée, puisque tout phénomène est à chaque pas quelque chose de toujours conditionné; ce qui fait que la régression n'est susceptible d'aucune intégralité absolue.

Cependant le combat n'est pas fini pour autant. Car rien ne paraît plus clair encore que ceci, par exemple : De deux personnes dont l'une affirme que le monde a un commencement, et l'autre qu'il n'en a pas, l'une d'elles doit avoir raison, fussent les raisons sur lesquelles se fondent ces affirmations également vicieuses. Il s'agit donc encore de résoudre cette difficulté, et dire comment tout le combat de la raison avec elle-même doit se décider d'une manière satisfaisante. Cette solution, l'auteur la donne en ces termes :

Il y a au fond des deux premières antinomies un concept contradictoire ; ce qui fait que la thèse et l'antithèse sont également fausses. Car, dans la première antinomie, soit qu'on dise que le monde a un commencement dans le temps, et qu'il est fini en étendue, ou qu'il n'a ni commencement ni fin, on le considère dans les deux cas comme un *tout absolument inconditionné* et donné. Mais à ce titre il n'est pas un objet de l'expérience possible. Tout phénomène accessible par la régression successive de notre intuition est toujours conditionné, et nous ne pouvons pas plus, par cette régression, limiter le monde à l'aide d'un temps vide qui l'aurait précédé, et d'un espace vide qui le suivrait, que nous ne pouvons le composer d'un temps infini qui se serait écoulé, et d'un espace infini. Si donc on peut dire que le monde est fini, ou qu'il est infini, c'est que dans les deux cas on le regarde comme une chose existant par elle-même, comme un objet absolu, indépendant de toute expérience. Or, cependant un monde sensible qui existe par lui-même est un concept contradictoire. Il est donc également contradictoire de dire que le monde est fini ou qu'il est infini.

Même chose à l'égard de la deuxième antinomie.

Car que l'on dise, ou que la matière se compose de parties simples, ou qu'elle ne se compose que de parties simples, c'est, dans le premier cas, comme si l'on disait que la série des parties dont elle est composée est finie, et dans le second, que cette série est infinie. On regarde encore ici dans les deux cas la série des parties constitutives de la matière comme un tout donné, absolument inconditionné. Mais ce n'est pas un objet de l'expérience possible. Car si l'on suppose la série des parties infinie, elle ne peut jamais être intégralement donnée par la régression successive. Est-elle finie au contraire : c'est ce qui est en quelque sorte impossible, parce que chaque dernière partie donnée par la régression est de nouveau conditionnée comme phénomène dans l'espace, et veut encore une régression ou division ultérieure. Soit donc qu'on dise que la matière se compose ou ne se compose pas de parties simples, on regarde dans les deux cas la série des parties dont elle se compose, par conséquent la matière, comme quelque chose qui existe par soi-même, distincte de toute expérience. Mais comme la matière et ses parties n'ont d'existence comme phénomène que dans notre représentation, une matière dont les parties existent en elles-mêmes est un concept contradictoire. Il y a donc égale contradiction à dire, ou que la matière se compose de parties simples, c'est-à-dire d'un nombre fini de parties, ou qu'elle ne se compose pas de parties simples, c'est-à-dire d'une infinité de parties.

Ce qui fait illusion à la raison dans les deux premières antinomies, c'est qu'elle se représente des choses contradictoires (à savoir un phénomène comme une chose en soi) comme susceptibles d'être unies en un concept, ce qui fait que la thèse et l'antithèse sont également fausses. Il en est ici comme dans les propositions : Un cercle carré est rond, et Un cercle carré n'est pas rond. Ici le concept du sujet même est contradictoire ; ce qui fait que les deux assertions opposées contradictoirement sont fausses. Il est faux qu'un cercle carré soit rond, puisqu'il est carré ; et il est faux également qu'il ne soit pas rond, puisque c'est un cercle.

Dans les deux dernières antinomies, l'illusion de la raison tient à ce qu'elle regarde comme contradictoires des choses compatibles entre elles. L'opposition des assertions tient donc ici à un simple malentendu ; et alors la thèse et l'antithèse peuvent être vraies en même temps dans les deux dernières antinomies. Telle est la raison de la grande différence entre les deux premières et les deux dernières antinomies. Les deux premières sont mathématiques, car elles n'ont pour objet que la composition et la division des phénomènes par rapport à l'espace et au temps. Mais dans l'une et l'autre, il s'agit toujours de choses homogènes. Chaque partie du monde étant donc phénomène quant à l'espace et au temps, le monde composé tout entier doit aussi être phénomène. Et comme chaque matière donnée est phénomène, chacune de ces parties doit être également phénomène. Il y a donc contradiction dans les concepts, ainsi qu'on l'a fait voir, à considérer comme des choses en soi le monde entier dans la première antinomie, et dans la seconde les parties de la matière. Les deux dernières antinomies sont au contraire *dynamiques*, car elles n'ont d'autre objet que la causalité et la dépendance de l'existence. Mais la dernière ne suppose absolument pas comme nécessaire que cette condition doive être de même nature que le conditionné. Une condition hétérogène, qui ne serait pas sensible, qui ne ferait par conséquent pas partie de la série, mais qui en serait au contraire en dehors comme chose en soi ou comme *noumène*, peut donc ici servir de fondement à une série donnée de conditions sensibles. De cette manière la raison est satisfaite, puisqu'elle prépose l'inconditionné aux phénomènes, en respectant les principes de l'entendement ou les lois de la nature, la série des phénomènes n'étant jamais interrompue, étant au contraire toujours regardée comme inconditionnée.

Soit d'abord la troisième antinomie. Ici l'opposition entre les lois de la nature et de la liberté n'est qu'une fausse apparence, et les deux choses peuvent être vraies, à savoir que tout dans le monde arrive suivant des lois nécessaires, et qu'il y ait néanmoins une causalité par liberté. La nécessité qui dépend des lois physiques repose sur ce principe universel de l'entendement : Tout ce qui arrive est un effet d'une cause ; c'est-à-dire que tout ce qui commence d'être suppose quelque chose qui vient nécessairement après. Or, ce qui dans la cause détermine l'existence de l'effet, c'est-à-dire la causalité de la cause, ou son action, ne peut pas toujours avoir été, parce qu'autrement l'effet lui-même aurait toujours été, par conséquent ne serait pas advenu. Toute action de la cause est donc toujours quelque chose qui arrive, ou commence d'être, et ainsi suppose toujours une nouvelle cause. Toute action en vertu de laquelle quelque chose arrive est donc toujours, suivant la loi universelle de la nature, une conséquence nécessaire d'une autre action. Cette loi physique est une loi intellectuelle tellement immuable qu'il n'est permis de s'en écarter sous aucun prétexte. Car elle est la base de la liaison universelle des phénomènes dans la succession du temps, par conséquent de toute la possibilité de l'expérience, ainsi qu'on l'a fait voir dans la preuve précédente de la troisième analogie de l'expérience. Mais il s'en suit en même temps que cette loi ne se rapporte qu'aux phénomènes et à leur enchaînement successif, et qu'elle revient proprement à ceci : Tout phénomène qui commence d'être a une cause dont l'action même est un phénomène qui prend naissance ; aucune action, en tant qu'elle est phénomène, ne peut donc être originellement la première et commencer de soi ; au contraire, toute action, qui est un anneau dans la série des phénomènes, n'est pas moins une conséquence nécessaire d'une action précédente, qu'elle n'est un effet qui la suit, et se trouve ainsi toujours soumise à la nécessité, suivant des lois physiques. Si donc la liberté d'une action consiste précisément à n'être pas soumise à la nécessité des lois physiques, on entend alors par liberté d'un être, dans le sens cosmologique, la faculté qu'il possède de commencer *par lui-même* un état, de telle sorte que son action ne soit pas elle-même soumise, suivant une loi physique, à une autre cause qui la détermine dans le temps. C'est donc un principe parfaitement immuable de l'entendement, qu'il n'y a dans la série des *phénomènes* aucune action qu'on puisse appeler *libre*; que la liberté n'est donc qu'une simple idée, ou un concept rationnel pur, qui est si peu tiré de l'expérience, que son objet ne saurait être donné à titre de phénomène dans aucune expérience. Mais de ce que la cause ne peut pas être de même nature que l'effet, il ne s'en suit pas encore que la nécessité physique soit en contradiction avec la liberté, et l'exclue; il en résulte seulement que le même événement, qui n'est, d'un côté, qu'un effet physique, peut être cependant, d'un autre côté, un produit de la liberté. En effet, si nous ne pouvons connaître un sujet agissant quelconque que comme il nous apparaît, et non comme il est en soi, on n'a qu'à supposer alors qu'un sujet actif possède en lui-même une faculté qui n'est pas phénomène, mais par laquelle cependant il peut être la cause de phénomènes. Ce sujet pourrait donc produire des *effets* qui seraient des phénomènes, mais son *action* comme chose en soi ne serait pas soumise aux phénomènes, à aucunes conditions de temps par conséquent, et ainsi ni le naître ni le périr ne serait soumis à la loi naturelle, que tout ce qui arrive a une cause; en sorte qu'on pourrait très justement dire de lui qu'il commence ses effets *de lui-même*, sans que l'action même commence en lui ; c'est-à-dire que ses actions seraient parfaitement libres. Mais comme les effets de ses actions libres seraient des phénomènes, ces phénomènes, en tant qu'ils seraient, comme tout autre, soumis en même temps aux lois physiques, auraient en conséquence pour fondement d'autres phénomènes, dont ils proviendraient inévitablement, et seraient par là en liaison nécessaire avec le reste des phénomènes de la nature. De cette façon les actes d'un être actif, en tant qu'ils sont choses en soi, seraient parfaitement libres, en même temps que les effets par lesquels ils se manifesteraient dans le monde sensible se trouveraient soumis, comme phénomènes, à la nécessité des lois physiques, et pourraient très bien s'expliquer par elles. On trouverait donc dans ces actes liberté et nature, en même temps, sans aucune contradiction, mais à la condition de les envisager sous des aspects différents. Du reste, l'auteur appelle la loi d'après laquelle agit une cause, le *caractère* de cette cause. Il appelle *caractère empirique* d'une cause la loi d'après laquelle cette cause comme phénomène agit, et *caractère intelligible,* la loi d'après laquelle cette même cause agit comme chose en soi. Un même acte d'un même agent, qui est nécessaire d'après son caractère empirique, peut donc être parfaitement libre quant à son caractère intelligible.

Pour éclaircir cette matière importante, l'auteur ajoute encore ce qui suit, et qui est parfaitement à sa place ici. L'homme fait partie des phénomènes du monde sensible, il appartient donc aux causes physiques sensibles, et conséquemment ses actions sensibles sont toutes soumises à la nécessité des lois physiques. Mais il possède aussi une faculté qui ne peut absolument pas être mise au nombre des forces sensibles, puisque les raisons qui déterminent ses actes ne sont pas des phénomènes, mais des concepts purs. Cette faculté s'appelle raison ; et ce qui prouve que la raison peut exercer des actes dont le simple concept est le principe, c'est l'*impératif* ou le *devoir* que nous lui proposons dans tout ce qui est pratique, comme une règle. Ce devoir, en effet, exprime une espèce de nécessité, qui ne se rencontre nulle part ailleurs dans toute la nature. La nécessité qui s'impose à nos actions ne se fonde nullement, en effet, sur les causes naturelles du monde sensible, dont ces actions seraient comme une conséquence nécessaire, mais bien sur de simples concepts rationnels. La raison ne suit donc pas ici l'ordre des choses, telles qu'elles se présentent dans le phénomène, mais elle se fait à elle-même une loi propre d'action, un ordre particulier suivant des idées, dans lequel elle dispose les conditions sensibles. Souvent donc, avec son *devoir*, elle déclare nécessaires des actions mêmes qui pourront n'arriver jamais, et jusqu'à des actions qui déjà auront été omises. Et comme la nécessité emporte toujours la possibilité, le *devoir* pratique suppose évidemment que la raison est capable d'exécuter des actions qui expriment ses effets dans le monde sensible, et qui ont néanmoins pour cause un simple concept rationnel, et non quelque phénomène. Si donc on admet que la raison est réellement une faculté pareille, elle est, comme telle, non pas un phénomène, mais une chose en soi ; par conséquent son action n'est pas soumise à des conditions de temps, non plus qu'aux lois physiques, puisque des principes de la raison ne déterminent les actions que d'une manière toute générale, par principe, sans influence des circonstances de temps ou d'objet. Elle pourra donc commencer d'*elle-même* avec ses actions une série d'effets dans le monde sensible, sans que son acte même commence, et sans qu'elle soit déterminée par aucune autre cause que par elle-même, c'est-à-dire par ses *propres* concepts. L'homme peut donc, en sa qualité d'être raisonnable, agir *librement*, dans l'acception propre du mot. Cependant, comme il est en même temps un être sensible, et que ses actes libres se traduisent en effets qui sont autant de phénomènes, ces phénomènes se trouvent néanmoins soumis complétement aux lois de la nature, et supposent ainsi des causes sensibles, qui les déterminent et qui doivent servir à les expliquer parfaitement, en telle sorte que si nous pouvions suivre jusque dans leur fondement tous les mobiles sensibles, il n'y aurait aucune action humaine que nous ne pussions prédire avec certitude, et reconnaître comme dérivant nécessairement de ses conditions antérieures. De cette manière, l'homme, en tant qu'il est une chose en soi à titre d'être raisonnable, peut donc commencer de lui-même une série de phénomènes, par conséquent agir librement, sans préjudice néanmoins pour les lois de la nature, puisque ces actions libres même, en tant qu'elles se révèlent dans le phénomène, arrivent toutes conformément à l'ordre naturel, et forment un enchaînement nécessaire avec les autres phénomènes du monde sensible. L'homme peut donc agir librement d'après son caractère intelligible, quoique toutes ses actions soient complétement déterminées d'après son caractère empirique.

C'est ce qui sera rendu plus clair par l'exemple suivant. Lorsqu'une personne a commis une mauvaise action, nous en cherchons ordinairement la cause dans son caractère empirique, et nous parcourons ce caractère jusqu'à son origine. On la cherche, cette source, dans la mauvaise éducation, dans la mauvaise société, dans le vice du naturel, dans la légèreté et l'imprudence, dans les causes occasionnelles, et l'on se comporte en tout ceci comme on le fait en général dans la recherche des causes efficientes d'un effet naturel. Mais, tout en croyant avoir nettement déterminé l'action de l'homme par ces causes sensibles, on le blâme cependant, non pas, à la vérité, à cause de ce qu'il y a de mauvais dans son caractère empirique; on met au contraire complétement de côté ce vice de caractère dans le blâme dont on poursuit un agent; on n'impute l'action qu'à son caractère intelligible, et l'on regarde sa raison comme une cause parfaite, qui, malgré toutes les causes sensibles déterminantes, aurait cependant pu et dû ne pas faire l'action. Ce blâme suppose donc évidemment que la raison même n'est pas affectée par la sensibilité, qu'elle ne s'altère pas le moins du monde, qu'en elle aucun état précédent ne détermine celui qui suit ; qu'elle n'appartient par conséquent pas à la série des conditions sensibles qui rendent les phénomènes nécessaires suivant des lois naturelles, mais qu'elle est plutôt en état de déterminer d'elle-même les phénomènes, et, comme cause inconditionnée, d'en commencer une série sans être déterminée par des phénomènes. On ne peut donc pas demander Pourquoi la raison ne s'est pas déterminée autrement, mais bien Pourquoi elle n'a pas, par son action, déterminé autrement les *phénomènes*. Mais cette question n'est pas plus susceptible de réponse que si l'on s'avisait de demander Pourquoi les objets de notre intuition externe ne nous donnent qu'une intuition dans l'*espace* et pas une autre. On peut seulement dire en général qu'un autre caractère intelligible aurait aussi donné un autre caractère empirique. Mais la manière dont la raison pourrait être cause des phénomènes et les déterminer, nous est parfaitement inconnue. Mais aussi telle n'était pas la question dans la solution de la troisième antinomie : il s'agissait seulement de faire voir qu'il peut y avoir dans une seule et même action, liberté et nécessité tout à la fois. Et ceci est absolument possible, comme on l'a fait voir, puisqu'on peut admettre sans contradiction que la même action qui se présente d'un côté comme phénomène dans le monde sensible, peut être, d'un autre côté, une *propriété d'une chose en soi*, par conséquent un noumène.

Sous le premier rapport, elle dépend donc absolument, comme tout autre phénomène, des lois de la nature; mais sous le second, elle en serait tout à fait indépendante, par conséquent libre. Ainsi se trouvent réduites à néant toutes les objections qu'on peut faire contre la liberté.

La quatrième antinomie se résout enfin de la même manière que la troisième. Ici encore la contradiction n'est qu'apparente. Car si l'être qui est la condition de l'existence d'un autre ne doit pas être précisément de même nature que lui, alors les deux propositions peuvent être vraies ; à savoir, que toutes les choses du monde sensible sont absolument contingentes; qu'elles ne sont par conséquent jamais qu'une existence sensiblement conditionnée, et qu'il résulte néanmoins de toute la série une condition non sensible, c'est-à-dire un être inconditionnellement nécessaire. On ne peut, en effet, admettre qu'une chose, c'est que l'être qui est la suprême condition de l'existence de l'univers sensible, n'est absolument pas un phénomène ou un objet de la sensibilité, mais bien un simple noumène ou une chose en soi. Il ne fait pas alors partie de la série du monde sensible, pas même comme l'anneau dernier de cet univers; il devrait au contraire être conçu en dehors de la série du monde sensible, comme *ens extramundanum*, et ne serait par conséquent pas non plus soumis à la loi de la contingence des phénomènes, loi suivant laquelle leur existence est toujours conditionnée. L'existence de cet être serait donc au contraire absolument inconditionnée, par conséquent absolument nécessaire, sans préjudice pour la loi naturelle, qui veut que chaque membre de la série du monde sensible soit empiriquement conditionnée et contingente quant à son existence. Ainsi se trouvent résolues toutes les objections qu'on peut soulever contre l'existence d'un être nécessaire. On voit en même temps par là comment la manière dont une chose inconditionnée sert de base aux phénomènes, se distingue entièrement de la causalité de la liberté dans l'article qui précède. En effet, la liberté d'un être emporte, à la vérité, sa causalité ou une action comme chose en soi ou comme noumène, mais l'être libre lui-même appartient cependant comme cause à la série des conditions sensibles, et non pas l'être nécessaire.

III.
De l'idéal de la raison pure.

676-840. La forme des raisonnements catégoriques conduit à l'idée psychologique du sujet pensant ; la forme des raisonnements hypothétiques, à l'idée cosmologique de l'intégralité absolue dans la série des conditions de phénomènes donnés. L'idée à laquelle aboutit la forme des raisonnements disjonctifs est enfin théologique, car elle tend à un être qui contient la condition absolue et suprême du tout en général, et qui est par conséquent l'ensemble de toute réalité.

Tout concept, par rapport à ce qui n'y est pas contenu, est indéterminé, et se trouve soumis, d'après le principe de contradiction, au principe logique de la *déterminabilité* que : De deux prédicats contradictoirement opposés l'un à l'autre, un seul peut lui convenir. Si nous regardons en même temps au contenu du concept, c'est-à-dire à l'objet auquel il doit se rapporter, la possibilité de chaque chose est alors soumise au principe de la *détermination universelle* que De *tous* les prédicats *possibles* des *choses*, comparés avec leurs contraires, un [des deux] nécessairement doit lui convenir. Suivant ce principe, qui est un principe synthétique de la raison, puisqu'il concerne la liaison de tous les prédicats qui doivent constituer le concept parfait d'une chose, la possibilité de chaque chose tient au rapport qu'elle soutient avec *tout le possible*, comme ensemble de tous les prédicats en général. Ce qui veut dire que nous ne pouvons connaître pleinement la possibilité d'aucune chose, qu'à la condition d'en prendre l'étoffe de l'ensemble de la possibilité entière, ensemble qui renferme la matière de la possibilité particulière de chaque chose; et que si nous voulons par conséquent connaître pleinement une chose, il est nécessaire que nous connaissions tout le possible, et que nous déterminions cette chose en conséquence. De cette manière la raison suppose l'*idée du concept de tout le possible*, comme une condition nécessaire qui sert de fondement à la détermination universelle de chaque chose. Or, tous les prédicats propres à constituer l'ensemble de tout le possible sont de telle nature qu'ils servent à la représentation soit de l'être, soit du non-être. Mais l'être est un quelque chose ou une réalité; le non-être, au contraire, est une négation ou un défaut de réalité. Si donc le non-être seul est conçu, l'entière suppression de chaque chose en particulier, ou de toutes les choses en général, est aussi conçue par là même. L'idée de l'ensemble de tout le possible exclut donc toutes les négations, et n'est que l'idée d'un *tout de la réalité*, ou d'un *illimité* dont toutes les négations ne sont que de simples bornes. En outre, le concept d'une chose qui possède toute réalité est *déterminé universellement*, par le fait précisément que l'un de tous les prédicats opposés possibles, à savoir, celui qui appartient absolument à l'être, se trouve toujours dans sa détermination. L'idée du tout de la réalité est donc l'idée d'un être *singulier* [individuel]. Mais une telle idée, dont l'objet est une chose unique, déterminable ou même déterminée par l'idée seule, est ce que l'auteur appel un *idéal*. L'idée de l'être souverainement réel est donc l'idéal de la raison pure, ou l'idée suprême dont elle est capable. La raison se forme ainsi le concept d'un être qui possède toute réalité, et qui est par conséquent le principe premier de tout le possible, principe que nous nommons par cette raison l'Être premier, l'Être suprême, l'Être de tous les êtres, en un mot, Dieu.

Mais il en résulte clairement que la raison s'illusionne de plusieurs manières dans la formation de cet idéal. Car l'ensemble de tout le possible, ou le tout de la réalité, est un concept dont elle n'a besoin que pour la détermination universelle des choses en général, pour acquérir la connaissance intellectuelle de l'intégralité. Mais comme la détermination universelle d'une chose est un concept que nous ne pouvons jamais exposer *in concreto* dans sa totalité, le concept du tout de la réalité n'indique donc pas d'objet particulier ; c'est une simple idée, sans réalité par conséquent. Et cependant, nous ne nous bornons pas à *réaliser* cette idée, nous l'*hypostasons* et la *personnifions* même ; c'est-à-dire que nous faisons de l'ensemble de tout le possible, ou du tout de la réalité, non seulement un objet réel, mais aussi une substance, et enfin un être simple numériquement identique. On peut déjà conclure par anticipation, que toutes les preuves métaphysiques que la raison purement spéculative peut apporter en faveur de la possibilité et de l'existence de cet être souverainement réel, sont nécessairement vicieuses, et doivent reposer sur une pure illusion dialectique. Or, il n'y a que trois arguments de possibles pour la raison spéculative : Ou l'on fait totalement abstraction de toute expérience, pour conclure du simple concept de l'être souveraiement réel à son existence ; — ou l'on ne part que de quelque chose d'existant en général dans le monde sensible, pour en conclure une cause nécessaire en dehors du monde ; — ou l'on conclut de la propriété particulière de notre monde sensible à l'existence d'une suprême intelligence. Le premier argument est l'argument *ontologique* ; le second, l'argument *cosmologique* ; le troisième, l'argument *physico-théologique*. La raison déploie vainement ses ailes dans ces trois directions, pour s'élever au-dessus de l'univers sensible par la seule force de la spéculation.

L'argument ontologique conclut du simple concept de l'être souverainement réel, non seulement à sa possibilité, mais encore à son existence nécessaire. Cet argument conclut donc à la possibilité de l'être par excellence, par la raison que le concept de cet être ne renferme rien de contradictoire, attendu que l'ensemble des réalités exclut toutes les négations, par conséquent aussi toute contradiction. Il conclut à l'existence nécessaire de cet être suprême, par la raison que dans la notion de toute réalité possible se trouve contenue l'existence. L'argument ontologique regarde donc et la possibilité et l'existence de l'être suprême comme quelque chose déjà compris dans la notion de cet être, et émet les deux propositions suivantes : L'être suprême est possible, L'être suprême existe, au rang des propositions purement analytiques qu'on ne pourrait nier sans une évidente contradiction. Mais ces deux raisonnements sont sans fondement. Car on a déjà fait voir précédemment, dans les postulats de la pensée empirique, que les prédicats de la possibilité, de l'existence et de la nécessité d'une chose, ne sont jamais compris déjà dans son concept ou notion, et qu'ainsi les propositions : Une chose est possible, Elle existe, Elle est nécessaire, ne sont pas des propositions analytiques, mais bien des propositions synthétiques. De ce que le concept d'une chose ne renferme rien de contradictoire, il s'en suit bien que ce concept a pour lui une possibilité logique, mais la possibilité réelle de la chose même n'en peut être conclue; car le concept peut très bien n'être qu'une notion vide, sans objet, et par conséquent la chose que l'on pense sous ce concept n'être qu'une simple chose de pensée, ou un *ens rationis*. Si pur donc que puisse être de toute contradiction le concept de l'être souverainement réel, néanmoins il laisse complétement indécise la question de savoir s'il a de plus une réalité objective, ou si un tel être est même possible en fait. On ne peut donc pas conclure du simple concept d'une chose à son existence. Car bien que le concept de cette chose soit déjà tout fait, il reste encore à savoir cependant si la chose est possible, ou si elle existe réellement. La proposition : Une chose existe, ne peut donc jamais être analytique, à moins de supposer déjà le prédicat de l'existence dans le sujet, c'est-à-dire à moins de vouloir tomber dans cette pitoyable tautologie : Une chose existante existe. Il semble bien, à la vérité, que la notion de l'être suprême ou parfait a seule droit a une exception en ce point, attendu que l'existence est déjà comprise dans la notion de toute réalité, et qu'ainsi la proposition : L'être parfait n'existe pas, est manifestement contradictoire. Mais c'est une pure illusion que de mettre l'existence au nombre des réalités d'une chose. En effet, si l'existence était une réalité particulière qui dût s'ajouter en sus à la chose dont j'ai la notion, lorsque je veux la concevoir comme existante, je ne penserais donc plus à présent la même chose, mais bien une chose toute différente, qui aurait de plus une réalité. Je me contredirais donc moi-même si je disais : La chose que je pense en mon concept [ou dont j'ai la notion] existe. Concluons donc qu'aucune réalité nouvelle n'est ajoutée par l'existence à l'objet du concept ; que l'objet lui-même ajoute plutôt à la notion par l'existence; lors, par exemple, que je dis : Une chose existe, c'est comme si je disais : Je n'ai pas seulement une notion de cette chose, mais elle est aussi *donnée* avec tous les prédicats réels que je pense dans sa notion, comme un objet de l'expérience possible. Ce n'est donc pas la notion d'une chose qui se trouve augmentée par l'existence de cette chose, mais bien la manière dont la chose se comporte à l'égard de notre faculté de connaître, puisqu'une chose existante peut aussi être connue *a posteriori* par voie de perception. On perd donc complétement sa peine en voulant raisonner de la simple notion de l'être parfait à sa possibilité ou à son existence nécessaire.

La preuve cosmologique, pour avoir de la fixité, part de l'existence de quelque autre chose, par exemple de nous-mêmes, et conclut de ce que quelque chose existe, que quelque chose d'absolument nécessaire doit exister. Car le contingent n'existe que sous la condition de quelque autre chose, comme de sa cause ; et la conclusion est ainsi valable de cause en cause jusqu'à ce qu'on arrive à une cause qui ne soit pas contingente, et par conséquent qui existe d'une manière nécessaire sans condition. On conclut donc enfin que ce qui existe d'une manière absolument nécessaire, universellement déterminé par lui-même, c'est-à-dire par sa notion, doit être en conséquence un être qui possède toute réalité. L'être parfait existe donc d'une manière nécessaire. Mais l'auteur déclare que cette preuve n'est qu'une série de purs sophismes. Soit en effet le premier raisonnement. On a déjà fait voir, dans la quatrième antinomie de la cosmologie, que la raison n'est pas capable de conclure de la loi de la causalité à un être absolument nécessaire, sans tomber en contradiction avec elle-même. Mais, sans parler de tout ce qui peut s'alléguer encore contre cette preuve, qu'on remarque seulement que toute sa force revient uniquement à celle de l'argument ontologique qui précède, car le *nervus probandi* tient à l'admission de la proposition : Tout être absolument nécessaire est un être parfait. Or, comme tous les jugements affirmatifs sont susceptibles de conversion, du moins *per accidens*, si la proposition qui précède est juste, celle-ci doit l'être également : Quelques êtres parfaits sont des êtres absolument nécessaires. Or, un être parfait ne diffère en rien d'un autre, et ce qu'on peut dire de quelques-uns peut se dire de tous. Donc tout être parfait est un être nécessaire; c'est-à-dire qu'il existe d'une manière absolument nécessaire. Cette proposition n'étant déterminée que par son concept *a priori*, le simple concept de l'être parfait doit impliquer aussi l'existence absolue de cet être. C'est là précisément ce qu'affirmait la preuve ontologique. La validité de la preuve cosmologique suppose donc déjà celle de la preuve ontologique.

Il faut en dire autant de l'argument physico-théologique, que la raison tire de la diversité, de la beauté, de l'ordre et de la finalité du monde. Cette preuve mérite d'être toujours rappelée avec le plus grand respect, il n'y a que le raisonneur effronté qui ne la donne pas pour apodictique. Car sans dire qu'elle peut très bien établir l'existence d'un architecte de l'univers, qui serait toujours très circonscrit dans son action par la nature de la matière qu'il met en œuvre, elle ne peut pas prouver l'existence d'un créateur de l'univers, à l'idée duquel tout est soumis. Ici donc le raisonnement va de l'ordre et de la finalité du monde à l'existence d'une cause qui lui soit proportionnée. Mais la notion de cette cause doit nous en faire connaître quelque chose de parfaitement déterminé. Cette notion ne peut donc être que celle d'un être souverainement réel, qui possède toute puissance, toute sagesse, etc., en un mot toute perfection. Et comme personne ne peut se flatter d'apercevoir le rapport de la grandeur qu'il observe dans le monde à la toute-puissance, de l'ordre du monde à la souveraine sagesse, de l'unité du monde à l'unité absolue du créateur, etc., la théologie physique ne peut donner aucune notion déterminée de la cause suprême du monde ; elle doit donc aussi abandonner tout à coup cet argument fondé sur des raisons empiriques, pour conclure immédiatement la contingence du monde en partant de l'ordre et de la finalité qui y règnent, et passer de cette contingence à la preuve cosmologique, et (celle-ci n'étant qu'une preuve ontologique déguisée) prendre enfin son essor vers le dernier argument. Les physico-théologiens n'ont donc pas de motifs pour être si dédaigneux à l'endroit de l'argumentation ontologique, et pour la traiter, avec la présomption de physiciens illuminés, comme la toile d'araignée construite par des esprits ténébreusement subtils.

De tout cela l'auteur conclut que s'il y avait quelque preuve possible de l'existence de l'*entis realissimi* par la raison spéculative pure, ce devrait être la seule preuve ontologique. Mais comme cette preuve est elle-même purement dialectique, le métaphysicien fera bien de laisser le langage orgueilleusement dogmatique du savoir, pour le ton mesuré et modeste d'une *foi* qui suffit à notre tranquillité.

La théologie rationnelle est donc en soi un simple problème, puisque la raison ne peut donner à l'idée théologique, comme concept au-dessus de toute expérience possible, aucune réalité objective. Elle ne peut donc par la seule spéculation, c'est-à-dire par des connaissances purement théoriques, ni prouver l'existence d'un être suprême, ni nous en apprendre quoi que ce soit de déterminé. Toutefois, elle a une utilité négative très importante. En effet, comme toute nécessité physique dans l'univers sensible est toujours conditionnée, puisqu'elle suppose toujours une dépendance de choses à l'égard d'autres choses, et comme la nécessité inconditionnée ne doit être cherchée que dans l'unité d'une cause différente du monde sensible, mais que la causalité de cette cause à son tour, si elle était pure nature, ne pourrait jamais faire concevoir l'existence du contingent, comme sa conséquence; alors la raison s'affranchit ainsi, par l'idée théologique, du fatalisme, c'est-à-dire d'une aveugle nécessité, tant dans l'enchaînement de la nature même sans principe premier, que dans la causalité de ce principe même, et conduit à la notion d'une cause par liberté, par conséquent à la notion d'une intelligence suprême. Si donc la supposition d'un être suprême comme souveraine intelligence doit avoir une incontestable validité par d'autres raisons que des raisons théoriques, la théologie spéculative a pourtant ce grand avantage, de *rectifier* la connaissance de cet être, d'en déterminer nettement la notion, de la purger de tout ingrédient contraire à la souveraine réalité, de tout mélange de limites empiriques, et en même temps de rendre impossibles toutes les affirmations contraires, qu'elles soient *athées*, *déistes*, ou *anthropomorphistes*, puisque les arguments qui démontrent l'impuissance de la raison humaine à *poser* l'existence d'un tel être suffisent nécessairement aussi pour établir l'impossibilité de toute affirmation contraire. L'être suprême reste donc en présence de l'usage spéculatif de notre raison, comme un pur idéal, il est vrai, mais cependant comme un idéal irréprochable, comme un concept qui renferme et couronne toute connaissance humaine, concept dont la réalité objective ne peut assurément pas être établie par une pure spéculation, mais qui ne peut pas non plus être démontrée fausse. Si donc il doit y avoir une théologie morale, c'est-à-dire une théologie telle qu'elle suppose nécessairement, par des raisons morales, l'existence d'un être suprême, alors la théologie spéculative, qui n'était par elle-même que problématique, prouve son utilité propre en déterminant avec précision le concept de cet être et en critiquant sans cesse une raison souvent égarée par la sensibilité, et pas toujours d'accord avec ses propres idées.

Toutes les idées de la raison pure en général ne servent donc pas à nous donner une connaissance positive, mais toutes sont propres cependant à mettre à néant les assertions audacieuses et oppressives de la raison, que le matérialisme, le naturalisme et le fatalisme se permettent, et de donner ainsi aux idées morales un terrain en dehors du champ de la spéculation. Elles ne sont jamais d'un usage *constitutif*, comme si elles donnaient des concepts de certains objets, et qu'on pût par leur moyen étendre ses connaissances bien au-delà de toute expérience possible; car si on les entend ainsi, ce sont alors des concepts purement dialectiques ou raisonnants (*vernünftelnde*). Ils n'ont au contraire qu'un usage *régulateur*, c'est-à-dire qu'ils servent uniquement à *systématiser* nos connaissances intellectuelles, ou à dériver leur enchaînement d'un principe unique, et à ramener par là l'usage de notre entendement à un accord universel, à une intégralité et à une unité synthétique. Les idées rationnelles ne sont donc pas à proprement parler des concepts d'objets, mais simplement des concepts de l'unité universelle de tous les concepts, en tant que cette unité sert de règle à l'entendement. Cette unité systématique de la connaissance intellectuelle diverse, n'est donc pas objectivement nécessaire, en telle sorte qu'on puisse dire que toutes les connaissances intellectuelles possibles ont nécessairement une unité systématique, et sont soumises à des principes communs, d'où elles peuvent être dérivées, malgré leur différence; mais elle n'est qu'une unité projetée de la raison, par conséquent même qu'une idée, c'est-à-dire un principe purement logique, et dès lors subjectif, que la raison doit accepter pour se satisfaire elle-même, parce qu'autrement toutes nos connaissances intellectuelles ne seraient qu'une pure rapsodie, ou un grossier agrégat de concepts sans liaison, ce qui rendrait tout usage de la raison impossible.

De tout ceci résulte donc la vraie détermination des limites de la raison pure, comme résultat propre de toute la critique de l'auteur, résultat qui peut se formuler ainsi : La raison, avec tous ses principes *a priori*, ne peut jamais nous apprendre autre chose que des objets de l'expérience possible, et sur ces objets rien de plus encore que ce qui peut être connu dans l'expérience : il serait donc absurde d'espérer connaître d'un objet quelconque autre chose que ce qui est du domaine de son expérience possible, ou bien encore de prétendre connaître le moins du monde une chose que nous reconnaissons n'être pas un objet de l'expérience possible, et pouvoir décider d'après ses qualités ce qu'elle est en elle-même. Mais, d'un autre côté, il serait plus absurde encore de n'admettre que des phénomènes, et de ne reconnaître aucunes choses en soi, ou de donner notre expérience pour la seule manière possible de connaître les choses, par conséquent notre intuition dans l'espace et le temps pour la seule intuition possible, et notre entendement discursif pour le prototype de tout entendement possible, et de vouloir ainsi faire passer les principes de la possibilité de l'expérience pour des conditions générales des choses en soi. Car bien que nous ne puissions rien savoir de déterminé sur ce que les choses sont en elles-mêmes, puisque cela dépasse toute expérience possible, nous ne pouvons cependant nous abstenir complétement de toute recherche à leur égard. L'expérience, en effet, ne satisfait jamais complétement la raison, elle recule sans cesse la difficulté, et nous laisse toujours mécontents d'une solution imparfaite. Notre raison aperçoit donc autour d'elle une sorte de place à la connaissance des choses en soi, sans pouvoir jamais s'en faire des notions déterminées, bornée qu'elle est aux phénomènes; elle a donc une inclination naturelle à prendre son vol vers cette région à l'aide de ses idées, et par conséquent à franchir les limites de l'expérience possible. Mais comme elle ne le peut sans se bercer d'une pure illusion, puisque tout le champ des choses en soi n'est pour nous qu'un espace vide où nous pouvons bien concevoir des formes pour les choses, mais pas de choses en soi, la raison se trouve alors dans la nécessité de respecter les limites de l'expérience possible. C'est ce qui arrive lors, par exemple, que nous restreignons notre jugement sur Dieu au rapport que le monde peut avoir avec un être dont le concept est en dehors de toute connaissance dont nous sommes capables dans le monde. Car alors nous n'attribuons en soi à l'être suprême aucune des propriétés par lesquelles nous concevons des objets de l'expérience, et nous échappons ainsi à l'anthropomorphisme dogmatique. Le langage conforme à nos faibles notions sera donc celui-ci : Nous concevons le monde *comme si* il était l'œuvre d'un entendement et d'une volonté suprême. De cette manière, nous ne disons réellement pas autre chose sinon que : De la même manière qu'une horloge, un vaisseau, un régiment, se rapportent à un ouvrier, à un architecte, à un capitaine, de même le monde sensible se rapporte à l'ignoré, que je ne connais par conséquent pas suivant ce qu'il est en lui-même, il est vrai, mais cependant d'après ce qu'il est pour moi, c'est-à-dire par rapport au monde, dont je suis une partie. Une telle connaissance est une connaissance *par analogie*, non pas suivant l'acception ordinaire du mot, c'est-à-dire une ressemblance imparfaite de deux choses, mais plutôt une ressemblance parfaite de deux rapports entre deux choses tout à fait dissemblables. C'est ainsi, par exemple, que je puis dire que le rapport qui existe entre le bonheur des enfants et l'amour des parents, exprime le salut du genre humain relativement à quelque chose d'inconnu en Dieu que nous appelons amour ; non pas que cet amour ait la plus légère ressemblance avec une inclination humaine quelconque, mais parce que nous pouvons en assimiler le rapport au monde, au rapport qui unit les choses du monde entre elles. Toutefois, grâce à cette analogie, un concept de l'être suprême devient suffisamment déterminé *pour nous*, bien que nous n'y ayons rien fait entrer de ce qui pourrait le déterminer absolument et en soi ; car nous le déterminons cependant par rapport au monde, et par conséquent par rapport à nous ; le surplus ne nous est pas nécessaire. Tout comme donc qu'une limite même est quelque chose de positif qui n'appartient pas moins à ce qui en est circonscrit qu'à l'espace qui est en dehors d'un ensemble donné, il y a semblablement une connaissance réellement positive à laquelle la raison ne participe que parce qu'elle s'étend jusqu'à la *démarcation* du champ de l'expérience à l'aide de quelque chose qui nous est d'ailleurs inconnu. Car si, d'une part, elle n'est pas renfermée dans l'intérieur du monde sensible, d'autre part aussi, elle n'est pas non plus en dehors de ce même monde, elle se borne uniquement, comme il convient à une connaissance des limites, au rapport de ce qui est en dehors et en dedans de ces limites. La raison nous conduit donc de cette manière jusqu'aux *limites* objectives *de l'expérience*, c'est-à-dire jusqu'au *rapport* à quelque chose qui ne peut pas être lui-même un objet de l'expérience, mais bien le principe suprême de toute expérience. Ici elle sent ses limites, puisqu'elle ne peut rien nous apprendre de cet être, de ce qu'il est en soi ; elle ne peut nous parler que du rapport qu'il soutient avec l'usage intégral de la raison même dans le champ de l'expérience possible.

Cette détermination des limites de la raison pure

est donc aussi la véritable détermination des limites de la métaphysique; et il est clair alors que si les limites de cette science sont bien plus restreintes qu'on ne l'avait pensé jusqu'ici, elle est cependant possible non seulement au point de vue subjectif, ou comme disposition naturelle de notre raison, mais elle peut aussi être réalisée maintenant, d'une part, comme système apodictiquement certain, d'autre part comme système absolument complet, qui épuise toutes les questions de la raison spéculative. Mais cette double fonction de la métaphysique n'est possible que par la Critique de la raison pure, critique qui doit renfermer non seulement tout le plan médité et éprouvé suivant lequel une métaphysique est possible comme science, mais encore tous les moyens d'exécution.

Pour faire voir maintenant la manière dont la métaphysique peut être traitée comme science, l'auteur ajoute à la théorie élémentaire la théorie de la méthode, dont voici la matière.

Méthodologie transcendantale.

La méthodologie transcendantale comprend quatre chapitres : la *discipline*, le *canon*, l'*architectonique* et l'*histoire* de la raison pure.

I.
De la discipline de la raison pure.

841-936. La *discipline* de la raison pure est l'instruction négative qu'elle tire d'elle-même pour se garantir contre son propre abus. Elle regarde donc et l'usage *dogmatique* et l'usage *polémique* de la raison pure, en même temps que ses *hypothèses* et ses *preuves*.

Pour ce qui est d'abord de l'usage *dogmatique* de la raison, les mathématiques fournissent l'exemple le plus éclatant de la manière dont la raison pure peut s'étendre d'elle-même avec le plus entier succès, sans le secours de l'expérience. La raison se flatte naturellement d'être non moins heureuse en philosophie, en y suivant la méthode qui lui a si bien réussi en mathématiques. Mais cette espérance se trouve trompée par la forme totalement différente de la connaissance philosophique et de la connaissance mathématique. Car ce qui distingue ces deux ordres de connaissances rationnelles ne tient pas à la matière des concepts, mais bien à la manière diverse dont la raison les traite. La connaissance *philosophique* se borne à conclure *des* concepts ; la connaissance *mathématique* au contraire les *construit*, c'est-à-dire qu'elle les expose en une intuition non empirique, pure *a priori*, comme des objets individuels. La connaissance mathématique est donc une connaissance rationnelle pure *a priori*, qui emporte par conséquent avec soi nécessité et universalité, et néanmoins intuitive ; la connaissance philosophique au contraire n'est pas intuitive, mais purement discursive, et ne peut par conséquent jamais prétendre à l'évidence de la première. Or, il n'y a d'autres intuitions pures que les deux formes des phénomènes, l'espace et le temps. Il n'y a donc que les seuls concepts des formes des phénomènes qui soient susceptibles de se construire, mais nullement les concepts de la matière des phénomènes, ou de ce qui se rencontre dans l'espace et dans le temps, car cette matière ne peut être exposée que dans une intuition empirique; nous ne pouvons donc en avoir *a priori* que des concepts qui ne sont pas susceptibles d'être construits.

L'espace et le temps sont des grandeurs; c'est la raison pour laquelle les mathématiques ont la quantité pour objet, et la philosophie la qualité. Il n'y a effectivement que la notion de grandeur, et nullement celle de qualité, qui soit susceptible d'être exposée dans une intuition non empirique. La philosophie et les mathématiques se distinguent donc précisément en ce point que chacune de ces sciences a son procédé propre qui diffère essentiellement de l'autre, et qu'ainsi la méthode mathématique ne convient pas plus à la philosophie que la méthode philosophique aux mathématiques. On peut achever de s'en convaincre par les raisons suivantes. La fondamentalité des mathématiques repose sur des définitions, des axiomes et des démonstrations. Elle commence dans tous ses jugements sur un objet par la *définition* de cet objet. La définition doit donc exposer le concept d'un objet, c'est-à-dire que les caractères qu'elle en donne doivent être clairs et suffisants. Elle doit en outre déterminer les *limites* de ces caractères, c'est-à-dire qu'elle doit faire voir avec précision qu'il n'y a que ces caractères et pas d'autres qui entrent dans le concept développé. Enfin cette ligne de démarcation doit être *originellement* claire par elle-même, et par conséquent n'avoir besoin d'aucune preuve. Définir c'est donc exposer originellement [radicalement] le concept développé d'une chose, dans son étendue propre ou dans ses limites intrinsèques. D'où il suit qu'un concept empirique d'une chose ne peut absolument pas être défini, mais seulement *expliqué*; car étant pris de l'expérience seule, on n'est jamais certain qu'il possède le développement et la précision nécessaire, et s'il ne sera possible de découvrir à l'avenir qu'on lui a assigné trop ou trop peu de caractères. De même un concept donné *a priori*, tel que celui de substance, de cause, ne droit et ne peut pas être défini, mais seulement *exposé*; car ce concept pouvant contenir plusieurs représentations obscures que nous omettons dans l'analyse, quoique nous en fassions toujours usage dans l'application, l'explication en est ainsi toujours douteuse. Des concepts soit empiriques, soit donnés *a priori* ne pouvant donc être définis, il n'y en a pas d'autres qui en soient susceptibles, excepté ceux que l'on conçoit arbitrairement, mais qui sont de telle nature qu'ils peuvent s'exposer ou se construire dans une intuition *a priori*; c'est-à-dire que les mathématiques seules ont des définitions; car elles forment le concept même, puisqu'elles le construisent, et par conséquent le produisent synthétiquement. La philosophie au contraire peut seulement décomposer analytiquement des concepts donnés, par conséquent les exposer seulement. D'où il suit que les définitions mathématiques ne peuvent errer parce qu'elles donnent le concept, et qu'ainsi ce concept ne contient que ce qui est voulu par la définition. Les définitions philosophiques au contraire peuvent pécher en étendue comme en précision. Ce qui fait qu'on ne peut pas débuter dans les recherches philosophiques, comme en mathématiques, par une définition parfaite, mais qu'on doit plutôt raisonner.

Les *axiomes* sont des propositions synthétiques *a priori* d'une certitude immédiate. Les mathématiques ont donc des axiomes; car les prédicats de l'objet peuvent y être donnés immédiatement par intuition *a priori*, par exemple, qu'il y a toujours trois points dans une surface. La philosophie au contraire ne peut pas avoir d'axiomes, parce qu'elle est une pure connaissance par concepts, et qu'une proposition synthétique ne peut jamais être certaine immédiatement par des concepts; elle exige toujours une déduction ou une preuve de sa légitimité; tel est, par exemple, le principe : Tout ce qui arrive a une cause.

La philosophie ne peut non plus avoir de *démonstration,* car le mot démonstration ne s'entend pas de toute preuve apodictique, mais de celles-là seulement qui sont en même temps intuitives, et qui n'ont lieu qu'en mathématiques. Il suit donc de tout ceci que la méthode mathématique est absolument inapplicable en philosophie, et que la philosophie a mauvaise grâce de se parer des titres et des livrées des mathématiques, puisque ces deux sciences ne sont pas de même ordre, bien que la philosophie ait toute raison d'espérer d'être un jour la digne sœur des mathématiques. En général, il est contraire à la nature de la philosophie d'affecter une méthode *dogmatique*, c'est-à-dire de former immédiatement et directement par concepts des propositions synthétiques d'une valeur objective; elle ne peut former de semblables propositions que d'une manière purement indirecte, par le rapport de ces concepts à une troisième chose, savoir, à l'*expérience possible*.

Par usage *polémique* de la raison pure, l'auteur entend la défense de ses thèses contre les négations dogmatiques qui en sont faites. Il n'est donc pas ici question de la vérité de ses affirmations, mais seulement de l'impossibilité absolue d'affirmer le contraire avec plus d'apparence de raison. La raison pure a donc la consolation de voir qu'il n'y a proprement aucune antithétique qui lui soit opposée. En effet, les quatre antinomies de la cosmologie portent sur un simple malentendu, puisqu'on y envisage contradictoirement des phénomènes comme des choses en soi. En psychologie et en théologie, au contraire, il n'y a lieu à aucune antithèse : toutes les preuves que la raison pure peut produire par la simple spéculation en faveur de l'immortalité de l'âme et de l'existence de Dieu, sont purement dialectiques. Il est cependant certain d'une certitude apodictique que jamais homme ne pourra affirmer le *contraire* de ces thèses avec la plus légère apparence, bien loin de pouvoir le faire dogmatiquement. Comme il ne pourrait le prouver que par la raison pure, il serait en effet dans la nécessité d'essayer la preuve de l'impossibilité de l'immortalité de notre sujet pensant, et de l'existence d'un être suprême. Mais où prendrait-il les connaissances des choses qui dépassent ainsi toute expérience possible, pour juger ainsi synthétiquement? Nous pouvons donc être parfaitement tranquille dans toutes les attaques dirigées contre des propositions que notre intérêt pratique tout entier nous porte à reconnaître. Notre simple *non liquet* est suffisant pour les anéantir, pourvu toutefois que nous n'en contestions pas la rétorsion entre nous, rétorsion qui ne nous nuit en aucune façon, puisque nous réservons en même temps les maximes subjectives de la raison, ou son intérêt spéculatif dans l'usage empirique; réserve qui manque nécessairement à l'adversaire, et sous la protection de laquelle nous pouvons regarder tranquillement et avec indifférence tous les coups dont il frappe l'air. Il est donc insensé de proclamer dangereuses pour la bonne cause des assertions hasardées ou des attaques vaines; c'est leur donner une importance qu'elles ne doivent absolument pas avoir. Si l'adversaire n'a que du talent, s'il fait preuve d'une recherche profonde et neuve, en un mot, s'il ne montre que de la raison, la raison gagne toujours par là en culture, ses jugements se trouvent rectifiés et circonscrits, par conséquent plus clairs en général. Nous pouvons donc être rassurés en tout ceci sur la bonne cause de l'intérêt pratique; elle n'est jamais un péril dans les querelles purement spéculatives.

Il n'y a donc pas de polémique proprement dite dans le champ de la raison pure, mais bien deux partis : s'ils procèdent dogmatiquement, ce sont des pourfendeurs d'air qui se battent contre des ombres, parce qu'ils franchissent de part et d'autre les limites de l'expérience possible, s'aventurant dans un espace vide, où rien n'est accessible à leurs attaques dogmatiques. Mais il n'y a pas lieu non plus, dans les querelles de cette nature, à la *neutralité* ou au *scepticisme*. Car tous les concepts, et même toutes les questions que la raison pure nous soumet, sont en dehors de l'expérience ; ils ne se rencontrent que dans la raison pure. Cette raison, qui produit les uns et pose les autres, doit aussi pouvoir les expliquer, et comprendre leur valeur ou leur importance ; nous ne sommes donc jamais en droit de refuser la solution de problèmes que la raison a produits comme idées dans son sein, sous prétexte d'impuissance de notre part ; la raison doit au contraire pouvoir décider si ces problèmes sont pour nous un objet d'investigation, s'ils sont en dehors de notre savoir possible. Cette ligne de démarcation à tirer est précisément le but de la Critique ; la Critique est donc le véritable tombeau du scepticisme.

La raison, dans son usage pur et spéculatif, ne pouvant rien nous apprendre d'un objet quelconque, on se demande si elle ne permet pas de prendre les objets de ses idées, par exemple, des substances pensantes, ou un être suprême, comme des *hypothèses* tout au moins, c'est-à-dire comme des principes d'explication des choses réellement données. Il n'en est rien encore. Quoique les hypothèses ne soient en effet que des raisons d'explication purement imaginées, cependant une fiction raisonnable suppose toujours quelque chose qui n'est pas feint, quelque chose de parfaitement certain, à savoir la *possibilité* de l'objet même ; autrement elle n'est qu'une pure fantaisie (*Schwœrmerey*). Une condition de toute hypothèse, c'est d'abord que la *possibilité de l'objet* qu'on prend pour principe d'explication des choses données soit apodictiquement certain. Or, comme on ne peut prouver la possibilité de l'objet d'aucune idée de la raison, on ne peut donc jamais admettre une idée comme hypothèse pour expliquer des événements naturels. Ensuite, toute *hypothèse* doit aussi être *suffisante* pour en déduire *a priori* les conséquences données. On ne doit par conséquent pas être dans la nécessité de recourir à des hypothèses subsidiaires ; autrement elles ne valent toutes rien, puisque chacune a besoin elle-même d'une justification. On ne peut donc faire servir ni la substantialité simple de notre âme à rendre raison de ses phénomènes, ni l'idée de l'être parfait à expliquer l'ordre et la finalité dans le monde, parce qu'alors il faut recourir encore à de nouvelles hypothèses pour résoudre les difficultés qui résultent, dans le premier cas, de la ressemblance des phénomènes de notre âme avec les changements de la matière, et dans le second, des déviations et des maux dans le monde, contre l'hypothèse. Mais quoiqu'il n'y ait lieu à aucune hypothèse de la raison pure dans les questions spéculatives pour en faire le *fondement* de certaines thèses, elles sont cependant très permises pour *défendre* des thèses que la raison peut admettre dans un intérêt pratique, c'est-à-dire pour avoir raison des faux aperçus qu'un adversaire serait tenté de diriger contre elles. En effet, celui qui attaque notre bonne cause ne pouvant le faire qu'avec des hypothèses, nous pouvons, s'il le faut, employer les mêmes armes pour la défendre, et faire voir à l'ennemi qu'il s'entend beaucoup trop peu à l'objet de la controverse pour qu'il puisse se flatter avec nous d'un avantage au point de vue spéculatif. C'est ainsi, par exemple, que nous pouvons faire justice de cette difficulté : Que le développement et la décadence de nos facultés intellectuelles semblent n'être que de pures modifications de nos organes, en admettant que notre corps n'est que le phénomène fondamental auquel se rapporte, comme à sa condition, dans notre état présent, toute faculté sensible, et par là toute pensée; que la séparation de l'âme d'avec le corps est la fin de cet usage sensible de notre intelligence, et le commencement de l'usage intellectuel. Le corps ne serait donc pas la cause, mais simplement une condition restrictive de la pensée, et devrait être ainsi regardé comme moyen de la vie sensible et animale, il est vrai, mais aussi, et à plus forte raison, comme un obstacle à la vie pure et spirituelle. On peut encore aller plus loin, et ruiner par de nouvelles hypothèses l'objection contre l'éternelle durée de l'homme, objection qui semble résulter de la contingence de la génération, laquelle, chez l'homme comme chez l'animal, dépend de l'occasion, souvent même de l'alimentation, du régime, des caprices et du hasard, souvent encore du vice.

Ces nouvelles hypothèses consistent à dire que la vie tout entière n'est proprement qu'intelligible, qu'elle n'est pas soumise aux vicissitudes de la durée, qu'elle n'a pas commencé par la naissance, qu'elle ne doit pas finir par la mort, que la vie présente n'est qu'un pur phénomène, c'est-à-dire une représentation sensible de la vie spirituelle pure, et que le monde sensible tout entier est une simple image que nous offre notre connaissance actuelle, et, pas plus qu'un rêve, n'a de réalité objective ; que si nous percevions les choses telles qu'elles sont, nous nous verrions dans un monde de natures spirituelles, avec lequel notre unique et véritable commerce n'a pas commencé à la naissance, et ne doit pas finir à la mort, puisque ce ne sont là que deux phénomènes; etc.

Pour ce qui est de la discipline de la raison pure à l'égard de ses *preuves*, la Critique prescrit les trois règles suivantes. Avant tout, il ne faut tenter aucune preuve transcendantale, sans avoir d'abord réfléchi, et s'être assuré de la vérité et de la solidité des principes qu'on veut lui donner pour base, ainsi que du droit qu'on peut avoir d'en déduire la conséquence voulue. Il est absurde de vouloir prouver de pures idées de raison par des principes de l'entendement pur, par exemple en partant de la loi de la causalité. En effet, des principes n'ont de valeur que pour des objets de l'expérience possible. Tenter cette preuve par des principes de raison pure, c'est également perdre sa peine, car ces principes n'ont qu'une valeur subjective, et jamais une valeur objective. Les idées de la raison pure ne se prouvent donc point; et si l'on rencontre des arguments aussi vains, on peut, sans s'occuper d'autre chose que du développement pénible de leur apparence, les rejeter en exigeant la déduction des principes qui s'y trouvent employés.

Seconde règle : Une proposition transcendantale n'est susceptible que d'*une seule* preuve. En mathématiques, l'intuition pure donne une matière variée des propositions synthétiques, si bien qu'on peut la lier de plusieurs manières, et par conséquent arriver à la même proposition par différentes voies. Mais une proposition transcendantale ne part que d'un simple concept, et indique la condition de la possibilité de l'objet d'après le concept. Ici donc le principe de la preuve, principe qui détermine l'objet d'après ce concept unique, doit également être unique. La Critique des affirmations de la raison se réduit donc à très peu de chose, et quand on voit le dogmatique s'avancer avec dix preuves-arguments, on peut déjà être assuré qu'il n'en a aucune.

Troisième règle : Les preuves transcendantales ne doivent pas être *apagogiques*, mais toujours *directes* ou *ostensives*. Le mode de preuve apagogique n'est permis que dans les sciences où il est impossible de substituer (*unterzuschieben*) le subjectif de nos représentations à l'objectif. Son lieu propre est donc dans les mathématiques, où cette subreption est impossible. Dans les sciences naturelles on peut, à la vérité, se prémunir le plus souvent contre cette erreur par des observations multipliées, et la preuve apagogique y est de peu d'importance. Mais dans les preuves transcendantales où la raison considère d'ordinaire des principes purement subjectifs comme objectifs, il n'est jamais permis de légitimer ses assertions par la contradiction des assertions contraires. En effet, ou cette contradiction de l'opinion opposée ne concerne ici que des conditions subjectives de l'intelligibité, ce qui n'est certes pas une raison de rejeter la chose même, par exemple, si de ce que la nécessité absolue ne peut absolument pas être conçue par nous dans l'existence, on voulait conclure à l'impossibilité en soi d'un être premier; ou l'affirmation et la négation, également trompées par l'apparence transcendantale, mettent en principe un concept possible de l'objet, et alors il y a lieu à l'application de la règle : *Non entis nulla sunt prædicata,* c'est-à-dire que ce qu'on affirme et que ce qu'on nie de l'objet est également illégitime, et qu'on ne peut pas apagogiquement arriver à la connaissance de la vérité par la réfutation du contraire. Par exemple, si l'on considère le monde comme un objet absolu donné, et sa finitude et son infinitude se réfutent également bien; car ici le concept qu'on donne au monde pour fondement, est un concept impossible, puisqu'on envisage le phénomène comme une chose en soi, et qu'on ne peut dire d'un pareil objet ni qu'il est fini, ni qu'il est infini.

II.

Du canon de la raison pure.

937-992. L'auteur entend par *Canon* l'ensemble des principes *a priori* touchant l'usage légitime de certaines facultés de connaître en général. Ainsi, la logique universelle, dans ses parties analytiques, est un canon pour l'entendement et la raison en général, mais seulement quant à la forme, car elle fait abstraction de la matière des concepts. Ainsi, l'analytique transcendantale est le canon de l'*entendement* pur, car l'entendement seul est capable de donner des connaissances *a priori* vraies. Quant à la *raison*, elle n'est capable d'aucune connaissance synthétique *a priori* dans son usage spéculatif, car cet usage est entièrement dialectique. Il n'y a donc pas de canon pour l'usage spéculatif de la raison pure; toute logique transcendantale n'est à cet égard qu'une discipline qui sert uniquement de ligne de démarcation à la raison, et qui, au lieu de découvrir la vérité, rend le modeste service de préserver de l'erreur. Si donc il doit y avoir quelque part un légitime usage de la raison pure, par conséquent aussi un canon de cette raison, cet usage ne peut être que *pratique*.

Le but dernier de toute spéculation de la raison a un triple objet : la liberté de la volonté, l'immortalité de l'âme et l'existence de Dieu. Mais le simple intérêt spéculatif de la raison à l'égard de ces trois choses n'est que très médiocre, puisque nous n'en pouvons absolument faire usage dans l'explication des faits naturels. Ces trois propositions cardinales ne nous sont pas du tout nécessaires pour le savoir. Cependant comme elles sont recommandées d'une façon très pressante par la raison, leur importance ne doit concerner directement que la pratique [le *faire*].

Une volonté (arbitre) est purement *animale* (*arbitrium brutum*) quand elle ne peut être déterminée que par des mobiles sensibles, c'est-à-dire pathologiquement. Mais une volonté qui peut être déterminée sans des mobiles sensibles, c'est-à-dire par des motifs que la raison seule peut concevoir, est une volonté (arbitre) *libre*, une *liberté* (*arbitrium liberum*). Tout ce qui est possible par la liberté, ou qui tient à la liberté, comme principe ou comme conséquence, est donc *pratique*. La liberté maintenant définie, à savoir l'indépendance de la volonté à l'égard de la contrainte par des mobiles sensibles, est donc aussi une volonté *pratique*, par opposition à la liberté transcendantale ou métaphysique qui est définie plus haut par la faculté de commencer de soi-même une action, et par conséquent est considérée comme un état d'indépendance à l'égard de la loi de la causalité de la nature. La liberté transcendantale est une simple idée, par conséquent un concept problématique que personne ne peut ni établir ni ruiner. Mais l'expérience enseigne que nous possédons une liberté *pratique*. En effet, notre volonté n'est pas uniquement déterminée par l'attrait, c'est-à-dire par ce qui affecte immédiatement les sens ; nous possédons aussi la faculté de surmonter les impressions exercées sur notre sensibilité appétitive, en nous représentant ce qui peut avec le temps nous être utile ou nuisible. Or, ces réflexions sur ce qui est désirable par rapport à toute notre situation, c'est-à-dire sur ce qui est bon ou mauvais physiquement, reposent sur la raison. Elle donne donc aussi des lois qui sont des *impératifs*, c'est-à-dire des lois objectives de la liberté, et qui disent ce qui doit arriver, quoique peut-être la chose n'ait jamais lieu. Ces impératifs se distinguent donc entièrement de toutes les lois naturelles, qui ne traitent que de ce qui arrive réellement, et sont par cette raison encore appelées lois pratiques. Il y a donc une liberté pratique; et comme la question, par son côté transcendantal (*wegen der transcendentalen*), ne concerne que le savoir spéculatif, et qu'ainsi elle n'intéresse absolument en rien pratiquement la raison pure, il ne reste plus pour l'intérêt pratique que les deux questions : s'il y a un Dieu et une vie future. La simple raison spéculative ne peut répondre ni à l'une ni à l'autre d'une manière satisfaisante ; elles ne sont pour elles que de simples problèmes. Il ne nous reste donc plus qu'à nous assurer si elle ne peut pas nous satisfaire dans son usage pratique sur ces deux objets, qui ont pour elle un si grand intérêt.

Tout intérêt de ma raison, qu'il soit spéculatif ou pratique, revient aux trois questions suivantes : Que puis-je savoir ? Que dois-je faire ? Que puis-je espérer ? La première question est purement spéculative, et se trouve parfaitement résolue dans la théorie élémentaire. La deuxième est exclusivement pratique, et n'appartient donc pas à la philosophie transcendantale, ni par conséquent à la Critique de la raison pure. La troisième, à savoir, si je fais ce que je dois, qu'ai-je le droit d'espérer? est tout à la fois pratique et théorique, mais de telle sorte que le côté pratique n'est qu'un fil conducteur pour arriver à la réponse de la question théorique, qui, poussée plus avant, devient spéculative.

Toute espérance tend au *bonheur*, c'est-à-dire à la satisfaction de toutes nos inclinations, considérées soit *extensivè* quant à leur diversité, soit *intensivè* quant au degré, soit *protensivè*, quant à la durée. Une loi pratique peut avoir pour principe d'action ou le *bonheur même*, ou le simple mérite *d'être heureux*. Des lois qui ont pour principe d'action le bonheur même, et qui par conséquent conseillent ce qui doit être fait pour participer au bonheur, sont des lois *pragmatiques* ou des *règles de prudence*. Elles se fondent donc sur des principes empiriques, puisqu'elles ne peuvent savoir que de l'expérience ce que sont des inclinations qui demandent à être satisfaites, et par quels moyens naturels cette satisfaction peut être obtenue. Des lois, au contraire, qui nous prescrivent ce que nous avons à faire pour mériter seulement d'être heureux, sont des lois *morales*. Elles font donc abstraction de toutes nos inclinations et des moyens de les satisfaire, et décident, sans égard à notre bonheur, de l'usage raisonnable de notre liberté, et des conditions nécessaires sous lesquelles seules la dispensation du bonheur est possible, en tant qu'elle doit s'effectuer par raison et suivant des principes. Elles reposent donc sur de simples idées de la raison pure, et doivent par conséquent pouvoir être parfaitement connues *a priori*. Les lois morales sont donc des lois pures, qui prescrivent non pas d'une manière purement hypothétique, sous la supposition d'autres fins empiriques, mais *absolument* et *sans condition* : Tu dois faire cela.

Qu'il y ait réellement des lois morales de cette nature, c'est ce que personne ne peut nier. Or, comme le devoir implique déjà le pouvoir, il s'ensuit que la raison pure contient dans son usage moral des principes de la *possibilité de l'expérience*, à savoir, de la possibilité d'actions qui *peuvent* être trouvées conformes aux lois morales dans l'*histoire* de l'homme. Les principes de la raison pure ont donc une *réalité objective* dans leur usage moral.

Un monde (quel qu'il puisse ou doive être) qui serait d'accord avec toutes les lois morales, serait un *monde moral*. Ce monde est donc conçu seulement comme un monde *intelligible,* parce qu'on y fait abstraction de toutes les fins sensibles, et même de tous les obstacles à la moralité; il n'est ainsi qu'une simple idée. Mais comme cette idée est pratique, qu'elle peut et doit avoir sur le monde sensible une véritable influence, l'idée d'un monde moral a par là même une incontestable *réalité objective*.

La question : Que dois-je faire? a donc reçu sa réponse : Fais ce qui te rendra digne du bonheur. Mais ce précepte suppose déjà que celui qui se rend digne d'être heureux peut aussi espérer certainement de l'être. Sans cette espérance la loi de mériter le bonheur serait une pure chimère, parce qu'alors c'en serait fait de tous les principes subjectifs, c'est-à-dire de tous les mobiles pour l'accomplissement de cette loi. Dans un monde moral où chaque membre ferait ce qu'il doit, cette conduite morale procurerait sans doute d'elle-même le bonheur de tous, parce qu'ainsi chaque membre travaillerait en même temps à sa propre félicité et à celle de tous les autres. Mais ce système d'une moralité qui se récompense elle-même n'est qu'une idée dont la réalisation tient à cette condition que *chacun* fasse ce qu'il doit. Et cependant l'obligation imposée par la loi morale est immuable pour chacun, quoiqu'il y en ait qui s'en écartent. L'espérance du bonheur n'est donc point déterminée par la nature des choses dans le monde comme une conséquence nécessaire de la conduite morale; elle n'est donc assurée qu'autant qu'on suppose une *raison suprême* qui, obligeant par des lois morales, dispose en même temps comme cause de la nature du bonheur suivant l'exacte proportion du mérite. Cette intelligence suprême est appelée par l'auteur l'*Idéal du souverain bien*. La raison pure, dans son usage moral, en suppose donc nécessairement l'existence. Mais comme la dispensation du bonheur proportionnellement à la conduite morale n'a pas lieu dans le monde sensible, il s'en suit également que cette proportion doit avoir lieu dans un monde intelligible ou moral, qui est pour nous un monde encore à venir. Dieu donc et la vie future sont les deux suppositions de la raison pure sans lesquelles toutes les lois morales ne sont que des chimères. Sans un Dieu, en effet, sans un monde qui n'est pas sensible pour nous, mais qui est espéré, les idées souveraines de la moralité méritent encore notre assentiment et notre admiration, mais elles ne sont pas des mobiles de résolution et d'exécution, et restent ainsi sans effet.

Il y a donc une *théologie morale,* et cette théologie a ce privilége sur la théologie spéculative, qu'elle conduit inévitablement au concept d'un être unique, raisonnable, parfait, que n'indique pas même la théologie spéculative, loin de pouvoir nous convaincre de son existence. En effet, puisqu'il n'y a pas unité parfaite des fins entre différentes volontés, quand au contraire toutes les lois morales tendent à une seule fin, à la mesure proportionnée du bonheur avec le mérite d'être heureux, comme bien suprême de tous les êtres raisonnables, il faut qu'il n'y ait qu'un seul être suprême, qui possède en soi toutes ces lois. Cette volonté doit être toute-puissante, afin que la nature entière et ses rapports à la moralité lui soient soumis il doit tout savoir, afin de connaître l'intérieur des sentiments les plus secrets, leur valeur morale; il doit être en tout lieu présent, pour subvenir immédiatement à tous les besoins, etc. Mais cette unité des fins morales conduit en même temps à l'unité finale de toute la nature, et représente ainsi l'univers entier comme procédant d'une idée, de celle d'un auteur infiniment sage. Toute la science de la nature en reçoit une direction relativement à la forme d'un système des fins, et devient une théologie physique.

C'est ainsi que la raison pure nous conduit par son usage moral aux connaissances qu'elle ne peut atteindre par la spéculation. Aussi trouvons-nous dans l'histoire qu'avant la détermination convenable des concepts moraux, la connaissance de la nature, et même un degré considérable de la culture de la raison dans d'autres sciences, ne pouvaient produire que des notions grossières et imparfaites de la divinité, et laissait généralement dans une indifférence étonnante sur cette question. Mais depuis que la loi morale extrêmement pure de notre religion eut rendu nécessaire une étude plus approfondie des concepts moraux, il en résulta par cela seul sur la nature divine un concept que nous pouvons tenir maintenant pour légitime, non par des raisons spéculatives, mais parce qu'il est en parfait accord avec les principes moraux de la raison. Mais si la raison s'est élevée des principes moraux à la notion d'un seul être premier, comme souverain bien, elle ne peut alors partir de ce concept et en dériver les lois morales mêmes, puisque ces lois ont été précisément ce dont la nécessité pratique *interne* nous a conduits à la supposition d'un sage régulateur du monde, pour les rendre efficaces. Nous ne devons donc pas regarder des actions comme obligatoires parce qu'elles sont des ordres divins, mais nous devons les regarder comme des ordres divins parce que nous y sommes intérieurement obligés.

Reste à décider, en partant de là, quelle dénomination convient proprement à notre connaissance de Dieu et à la vie future. La croyance a trois degrés : *opiner*, *croire* et *savoir*. L'opiner est une croyance dont les raisons, tant subjectives qu'objectives, sont insuffisantes. Le *croire* est une persuasion dont les raisons objectives sont sans doute insuffisantes, mais dont néanmoins les raisons subjectives suffisent. Le *savoir* enfin, est une croyance dont les raisons, tant objectives que subjectives, sont suffisantes. Dans les jugements par raison pure, il n'est absolument pas permis d'*opiner*, tout y devant être connu *a priori*; le principe de la liaison exige alors universalité et nécessité, par conséquent ou la parfaite certitude, ou l'abstention de tout jugement. Il est donc absurde d'opiner en mathématiques pures, comme aussi dans la détermination des lois morales; il faut ici ou savoir absolument ou ne pas juger du tout. Mais pour ce qui est des idées théoriques de la raison pure, il y a lieu, au simple point de vue spéculatif, non à l'opinion, ni à la certitude, ni à la foi, mais uniquement à l'abstention absolue de tout jugement, parce que ces concepts sont purement problématiques. Ce n'est qu'au point de vue pratique que la croyance théoriquement insuffisante peut être appelée *foi*, lorsqu'on tient quelque chose pour vrai à raison de certaines fins. Si cette croyance se fonde uniquement sur ce qu'on ne connaît personnellement pas d'autres conditions sous lesquelles la fin pût être atteinte, cette croyance est appelée par Kant une *foi pragmatique*, par exemple, quand un médecin qui doit faire quelque chose dans un cas grave, estime d'après les faits qu'il y a phthisie, parce qu'il ne sait rien de mieux. Si l'on pense avoir des raisons suffisantes de regarder une chose comme vraie, n'eût-on qu'un seul moyen d'asseoir sa certitude, c'est alors une foi *doctrinale*. C'est ainsi que la proposition : Il y a d'autres mondes qui ont des habitants, est, non pas une simple opinion, mais une forte croyance doctrinale, sur laquelle on pourrait déjà fonder tout son pari. De même, la doctrine de l'existence de Dieu et de la vie future, considérée déjà théoriquement, est une foi doctrinale. Car bien que nous n'ayons pas le droit de supposer l'existence de Dieu pour expliquer les événements de la nature, et que nous soyons obligés de raisonner ici comme si tout était purement naturel, cependant l'unité finale dans l'étude de la nature, quoique contingente, est néanmoins un but si élevé que je ne puis absolument pas n'en point tenir compte. Je ne connais à cette unité d'autre condition que de supposer qu'une intelligence suprême a tout ordonné en vue de fins très sages; et comme l'application de cette supposition est si souvent confirmée par le résultat de mes recherches en matière naturelle, qu'on ne peut rien alléguer de contraire qui soit décisif, je puis dire, même au point de vue théorique, que je crois fermement à l'existence d'un Dieu. Même chose par rapport à la vie future, si l'on fait attention au peu de rapport entre la brièveté de notre vie et les excellentes dispositions de notre nature. L'expression de la foi est en pareil cas une expression de la modestie au point de vue objectif, mais en même temps de ferme assurance au point de vue subjectif. Toujours cependant il manque quelque chose à la foi purement doctrinale, car souvent on s'en voit comme dépossédé par les difficultés que présente la spéculation, quoiqu'on y soit inévitablement ramené. Il en est tout autrement de la *foi morale*. Elle consiste dans une croyance sans laquelle toutes les lois morales seraient sans effet. Le but est ici nécessairement posé *a priori* d'une manière absolue : je dois faire ce qui me rendra digne du bonheur. Mais en même temps, d'après tout ce que je sais, il n'y a qu'une seule condition possible sous laquelle cette fin tient à toutes les fins, et possède ainsi une valeur pratique, c'est qu'il y ait un Dieu et une vie future, et je suis de plus parfaitement sûr que personne ne connaît d'autres conditions. Je dois absolument croire à un Dieu et à une vie à venir, et je puis être assuré que rien ne m'ébranlera dans cette croyance, puisqu'autrement mes raisons morales mêmes seraient détruites. Or, je n'y pourrais renoncer sans me rendre détestable à mes propres yeux. On voit donc combien sage et impartiale a été la nature dans la dispensation de ses dons à tous les hommes indistinctement, puisque, en ce qui tient aux fins essentielles de la nature humaine, la philosophie la plus haute ne peut dépasser l'intelligence la plus ordinaire.

III.

De l'architectonique de la raison pure.

990-1025. L'architectonique est l'art des systèmes. Sous l'empire de la raison nos connaissances ne peuvent pas être une rhapsodie ; elles doivent constituer un système, c'est-à-dire être réunies sous une idée qui leur donne la forme d'un tout, puisqu'elle en détermine l'étendue, la place respective des parties, en partant du but principal de la raison, c'est-à-dire *a priori*. Le système de toutes les connaissances rationnelles par la construction des concepts est la *mathématique*. Le système de toutes les connaissances rationnelles par les concepts mêmes est la *philosophie*. La philosophie n'est donc qu'une simple idée d'une science possible, qui n'est donnée nulle part *in concreto*, mais dont on cherche à s'approcher de plusieurs manières. Personne donc ne peut enseigner une philosophie, puisqu'il n'y a pas encore de philosophie; on peut seulement apprendre à *philosopher*, c'est-à-dire à exercer le talent de la raison dans la recherche et la détermination de ses principes universels. Jusque-là le concept de philosophie est un concept purement scolastique où l'on ne considère que l'unité systématique, rien de plus par conséquent que la perfection logique de la connaissance, c'est-à-dire de l'*habileté* et de l'art. Mais au mot *philosophie* a toujours été joint un *concept cosmique*, c'est-à-dire un concept qui tient à l'intérêt nécessaire de l'humanité. D'après cette notion cosmique la philosophie est la science du rapport de toute la connaissance aux fins essentielles de la raison humaine, ou une *téléologie* de la raison, et le philosophe n'est pas un artiste en matière de raison, c'est un législateur de la raison humaine. En ce sens il y aurait beaucoup d'orgueil à s'appeler philosophe, et à penser qu'on a réalisé l'archétype qui n'est que dans l'idée. Car un philosophe, en ce sens, ne peut être que celui qui expose toutes les autres sciences rationnelles, les mathématiques, les sciences physiques, la logique, et les fait servir aux fins essentielles de l'humanité. Un tel philosophe n'est qu'un idéal qui n'existe nulle part, quoique l'idée de sa législation se rencontre partout dans toute raison humaine. La fin dernière, la fin finale de la raison humaine n'est donc que l'entière destinée de l'homme, et la philosophie qui la prend pour objet s'appelle *morale*. Partant de ce principe les anciens entendaient toujours et surtout par philosophe le moraliste, et maintenant encore on appelle de ce nom celui qui semble exercer de l'empire sur soi par la raison, même avec un savoir très limité.

La philosophie, comme législation de la raison humaine, a donc deux objets : la nature et la liberté ou moralité. La philosophie de la nature s'occupe de tout ce qui est, la philosophie des mœurs de ce qui doit être. Toute connaissance philosophique vraie ou apparente, par raison pure seulement, sans mélange de principes empiriques, enchaînée systématiquement à une critique préalable qui examine, comme propédeutique, la raison par rapport à toutes les connaissances pures *a priori*, s'appelle *métaphysique*. Il y a donc une *métaphysique de la nature* et une *métaphysique des mœurs*. La première se rapporte à l'usage spéculatif de la raison, et prend ordinairement le nom propre de métaphysique ; la seconde se rapporte à l'usage pratique de la raison pure ; c'est proprement la morale pure, qui ne doit avoir pour fondement aucune anthropologie, ou condition empirique.

La métaphysique de la nature se compose de la philosophie transcendantale et de la psychologie rationnelle. La première ne considère que l'entendement et la raison même dans un système de tous les concepts et de tous les principes qui se rapportent à des objets en général, sans admettre des objets qui seraient donnés, et prend le nom d'ontologie. La seconde a pour objet la *nature*, c'est-à-dire l'ensemble des objets donnés, mais de telle façon qu'elle ne tire de l'expérience que ce qui est nécessaire pour nous donner un objet, soit du sens externe, soit du sens interne; elle s'abstient du reste entièrement de tout principe empirique qui pourrait ajouter à ce concept une expérience quelconque, et par conséquent de porter quelque jugement que ce soit sur ces objets; c'est donc une physiologie rationnelle; or, cette physiologie rationnelle est *physique* ou *immanente*, ou *hyperphysique*, *transcendante* ; c'est-à-dire ou qu'elle reste dans les limites d'une expérience possible, ou qu'elle tend à une liaison des phénomènes qui dépasse toute expérience possible. La physiologie immanente considère donc la nature comme l'ensemble de tous les objets des sens, par conséquent comme elle nous est donnée ; elle contient ainsi deux parties, savoir, la *physique* rationnelle, qui a pour objet la nature corporelle, et la psychologie rationnelle, qui a l'âme et la nature pensante pour objet. La physiologie transcendantale, au contraire, qui, sort de l'expérience possible, a pour objet ou une liaison *interne*, ou une liaison *externe* de la nature des choses. La première est la physiologie de toute la nature, c'est-à-dire de la *connaissance transcendantale de l'univers*; la seconde s'occupe du rapport de l'ensemble de la nature avec un être surnaturel, et s'appelle *théologie* transcendantale.

Le système entier de la métaphysique se compose donc de quatre parties principales : l'ontologie, la physiologie rationnelle, qui comprend la physique et la psychologie rationnelles, la cosmologie et la théologie rationnelles. La psychologie empirique n'est pas une partie de la métaphysique ; elle appartient à l'anthropologie.

Enfin, l'auteur ajoute quelque chose encore aux principales révolutions qui s'observent dans l'histoire de la raison pure. Il est digne de remarque que les hommes, au début de la philosophie, ont toujours commencé par où nous finirions volontiers aujourd'hui, par la connaissance de Dieu et par l'espérance ou plutôt par l'état d'une autre vie. On voyait facilement qu'il ne saurait y avoir de meilleure manière agréable à la puissance invisible qui régit le monde que la bonne conduite. La théologie et la morale furent donc les deux mobiles ou plutôt les deux points aboutissants de toutes les spéculations auxquelles on s'appliqua constamment par la suite, et la première fut à proprement dire la mère de la métaphysique. On peut en ramener les révolutions principales à trois points de vue :

1° Par rapport à l'*objet* de nos connaissances, quelques philosophes étaient purement *sensualistes*, d'autres étaient purement *intellectualistes*. Le plus célèbre entre les premiers fut *Epicure*; *Platon* est le plus considérable parmi les seconds. Les uns disaient : Dans les objets des sens est toute réalité ; tout le reste est affaire d'imagination. Les autres disaient au contraire : Les sens ne donnent qu'une apparence; l'entendement seul connaît le vrai. Les premiers toutefois ne refusaient pas aux notions intellectuelles toute réalité, mais cette réalité n'avait à leurs yeux qu'une valeur *logique*; ils admettaient donc des notions intellectuelles, mais ils n'admettaient que des objets sensibles. Les derniers, au contraire, tenaient les objets véritables pour uniquement intelligibles, et affirmaient que l'entendement pur les perçoit comme ils sont, tandis que les sens ne font que les troubler.

2° Par rapport à l'*origine* des connaissances rationnelles pures, quelques philosophes étaient *empiristes*; ils les dérivaient toutes de l'expérience. D'autres étaient noologistes, et affirmaient qu'elles avaient leur source dans la raison, indépendamment de l'expérience. *Aristote* est à la tête des premiers ; *Pla-*

ton est le chef des seconds. *Locke*, qui suivit de préférence Aristote, et *Leibniz* Platon, n'ont cependant rien pu établir de décisif encore dans ce débat.

3° Par rapport à la *méthode,* on peut diviser celles qui règnent aujourd'hui en méthode *naturelle* et en méthode *scientifique*.

Le *naturaliste* de la raison pure prend pour principe de se guider plutôt, dans les plus hautes questions de la métaphysique, par la *raison commune sans* aucune *science* (ce qu'il appelle la saine raison), que par des spéculations. Ce qui veut dire qu'on peut déterminer plus sûrement la grandeur de la lune à la simple vue qu'en passant par les mathématiques. Cette manière est une simple misologie ramenée à un principe, et, ce qui est le plus absurde, l'abandon de tous moyens artificiels comme méthode propre pour étendre ses connaissances. Les partisans de la méthode scientifique procèdent ou dogmatiquement ou sceptiquement : *Wolf* se distingue entre les premiers, et *David Hume* entre les seconds. La seule voie qui restait encore ouverte était celle de la méthode critique qu'a suivie l'auteur. Il espère par ce moyen qu'on pourra faire, avant la fin du siècle peut-être, ce que n'ont pu faire tant de siècles écoulés, c'est-à-dire donner à la raison humaine une complète satisfaction en ce qui a toujours été son plus vif désir, mais un désir jusqu'ici trompé.

SECTION DEUXIÈME.

Examen plus particulier de quelques points de la Critique de la raison pure.

L'analyse entière et facile à saisir que j'ai voulu faire dans la section précédente de tout le système de Kant sera, je l'espère, une réponse suffisante à ce double reproche, d'être obscur même pour les penseurs exercés, et par conséquent de ne pouvoir servir de fondement à une philosophie usuelle, universellement intelligible. Mais on verra non moins clairement par cet exposé analytique de quelle importance extrême sont en soi les problèmes proposés par l'auteur, dans ce remarquable ouvrage, à l'examen des philosophes. Les principaux points qui sont l'objet de sa Critique de la raison sont les suivants :

1° Déterminer la vraie nature de la sensibilité, et sa différence avec l'entendement;

2° Rechercher le nombre des concepts primitifs qui se trouvent dans l'entendement, et qui servent de fondement à toute notre connaissance; démontrer en même temps leur véritable origine, à savoir, qu'ils ne sont pas dérivés de l'expérience, mais qu'ils sont des produits purs de l'entendement;

3° Faire voir de quelle manière nous pouvons attribuer à ces concepts, tout subjectifs qu'ils sont en nous, un réalité objective, ou comment l'entendement a le droit de sortir en quelque sorte de lui-même, et de transporter aux choses, qui sont hors de lui, ses concepts, c'est-à-dire de les rapporter à des objets ;

4° Déterminer ainsi les vraies limites de la raison humaine, par conséquent établir positivement jusqu'où notre raison peut aller par la simple spéculation, le point précis où s'arrête notre savoir proprement dit, et par conséquent où il n'y a place que pour la foi et l'espérance ;

5° Enfin, résoudre en même temps cette énigme : D'où vient que notre raison est si irrésistiblement portée à sortir, par ses spéculations, des limites du savoir possible, et par conséquent mettre à découvert l'apparence avec laquelle elle se fait involontairement en cela illusion à elle-même.

L'importance de ces questions est déjà si frappante qu'elle ne semble pas avoir besoin d'une plus ample explication. Il pourrait cependant n'être pas superflu de la rendre encore plus sensible par quelques rapides observations.

Et d'abord chacun sait quel dommage la métaphysique a souffert de la confusion de la connaissance sensible et de la connaissance intellectuelle, quelles disputes sans fin elle a occasionnées à propos de la figure de l'âme, de son siége dans le corps, etc., et combien de fois on peut dire en conséquence et avec raison des métaphysiciens : *Miscent quadrata rotundis;* — *Alter hircum mulget, alter cribrum supponit.* Mais cette confusion est inévitable tant que les vraies limites entre la sensibilité et l'entendement ne sont pas encore régulièrement tracées. Jusque-là le philosophe qui traite des principes des choses n'est pas certain, d'une part, de ne pas traiter des choses sensibles comme si elles étaient de simples objets de l'entendement ; d'autre part, de ne pas rapporter à des objets placés tout entiers hors du domaine des sens, des prédicats qui n'ont de valeur qu'autant qu'ils sont appliqués à des objets des sens.

Il est clair encore que dans le système des connaissances universelles et nécessaires de la raison, comme doivent être celles qui font l'objet de la métaphysique, il est impossible d'attendre quelque chose de certain et de complet, si l'on ne peut avant tout prendre en quelque sorte la mesure de l'entendement, et si l'on ne connaît pas le nombre des concepts primitifs qui doivent servir à la composition de toute notre connaissance. Que ce nombre de nos concepts fondamentaux ne puisse pas être très considérable, c'est ce qui peut déjà s'induire suffisamment du cercle restreint de nos connaissances universelles ; et tout philosophe doit par conséquent désirer vivement de connaître avec certitude le nombre exact de nos concepts fondamentaux. Mais cela ne suffit pas ; sa mission exige impérieusement qu'il en fasse la recherche par une analyse exacte de l'entendement. Car tant qu'on admet avec Aristote ces concepts fondamentaux ou catégories d'une manière rhapsodique ou toute fortuite, sans être certain si et pourquoi il n'y en a que tel nombre, ni plus ni moins, comment pourra-t-on savoir alors si la table des principes composés de ces concepts fondamentaux, sur lesquels on édifie un système, est complète et précise ?

La simple découverte de ces concepts fondamentaux ne suffit cependant pas; il faut de plus apercevoir d'une manière décisive qu'ils ne proviennent pas en quelque sorte de l'expérience, qu'ils sont déjà dans la nature de notre entendement, indépendamment de toute expérience, et qu'ils sont des concepts purs *a priori*. Car s'ils étaient purement et simplement tirés de l'expérience, tous les principes universels que nous en formons ne seraient que subreptices, et dès lors le scepticisme serait irréfutable. Qu'on suppose, par exemple, que le concept de *cause* ne soit pas un concept pur qui se trouve originairement, avant toute expérience, dans la nature de notre entendement, qu'il provienne au contraire uniquement d'une multitude de perceptions comparées où nous voyons des événements succéder toujours à d'autres événements certains, alors le principe : Tout ce qui arrive a une cause, serait un principe subreptice, puisqu'il proclame l'universalité et la nécessité, par conséquent la certitude apodictique. Mais cette certitude ne peut énoncer aucun principe tiré de l'expérience, par la raison que, tout en ayant toujours observé une chose (un fait), nous n'en pouvons conclure que ce fait doive nécessairement se passer ainsi, et qu'il n'y ait peut-être pas un nombre infini d'exceptions, ou qui nous ont échappé, ou que le temps ne nous a pas encore fourni l'occasion d'observer.

La troisième question : Comment sommes-nous autorisés à regarder les concepts de l'entendement comme des prédicats des objets, constitue, comme je l'ai déjà remarqué au commencement de la première section, le but principal de la Critique de la raison. Mais cette question n'est pas seulement la plus importante que le métaphysicien puisse soulever et résoudre. En effet, la métaphysique, à la différence de la logique, n'a pas simplement à décomposer nos concepts; elle a proprement pour objet l'application de ces concepts aux choses, et la liaison des choses entre elles. Mais, d'un autre côté, elle n'a pas à s'occuper de ce que l'expérience nous apprend des choses; elle doit nous faire connaître les concepts que nous devons, *a priori*, sans faire appel à l'expérience, rattacher à chaque objet, par exemple, que rien ne peut arriver sans cause ; que tout ce qui change n'est qu'un accident de ce qui ne change pas, etc. Elle doit même nous assurer de l'existence et de la propriété des objets dont nous ne pouvons avoir aucune connaissance expérimentale, par exemple, du fini et de l'infini du monde, de la vie future, de l'existence de Dieu, etc. Les propositions essentiellement métaphysiques sont donc des propositions, d'une part entièrement *synthétiques,* où le concept attribué à l'objet comme prédicat n'est point du tout contenu dans la représentation de l'objet même, et n'en peut par conséquent pas être déduit en vertu du principe de contradiction, mais au contraire où ce concept doit plutôt augmenter et étendre notre représentation de l'objet ; mais elles sont, d'autre part, des propositions toutes *a priori*, où nous ne pouvons nous fonder sur le témoignage de l'expérience pour rapporter à un objet un certain concept comme prédicat. Tant donc qu'on ne sait pas de quelle manière l'entendement peut arriver *a priori* à des propositions synthétiques, par conséquent rapporter *a priori* ses concepts à des objets, toute affirmation métaphysique, si fondamentalement démontrée qu'elle puisse paraître, reste nécessairement incertaine et chancelante. Comment, en effet, prouver alors que cette affirmation se rapporte à des objets, et n'est pas en nous un vain jeu de pensées ? Le mathématicien peut bien être fort tranquille en ce point : la certitude apodictique de ses propositions synthétiques n'a pas seulement pour soi l'expérience universelle, mais ce qui est très important, elle a en soi l'évidence immédiate la plus entière, en sorte que toute preuve devient inutile. C'est ainsi, par exemple, que le principe géométrique, que La ligne droite est le plus court chemin d'un point à un autre, est d'une évidence immédiate si frappante, que la justesse de ce principe, non seulement a pour soi l'expérience dans tous les cas qu'il plairait de choisir, mais est déjà certaine en soi, à l'abri de toute objection et de tout doute, encore bien qu'il n'existât réellement aucune ligne droite dans la nature entière. Le métaphysicien peut se dispenser jusqu'à un certain point de rechercher de quelle manière l'entendement peut juger synthétiquement *a priori* des objets, tant qu'il se renferme dans les limites du monde sensible, et qu'il s'occupe seulement des lois naturelles générales des choses corporelles. Car bien que l'évidence mathématique immédiate ne soit pas celle de ses principes fondamentaux, il a néanmoins, tant qu'il reste dans le domaine indiqué, le témoignage unanime de l'expérience en faveur de ces principes. Si cependant il ne peut justifier ces principes synthétiques par rien autre que le simple témoignage d'une expérience universelle, il ne mérite pas le nom de métaphysicien ; ce n'est qu'un simple naturaliste. En effet, le naturaliste a pour but de découvrir ce qu'enseigne l'expérience universelle, tandis qu'on exige du métaphysicien qu'il démontre ses connaissances *a priori*, c'est-à-dire indépendamment de toute expérience. Mais si le métaphysicien sort des limites de la sensibilité, perdant ainsi l'avantage de pouvoir justifier par l'expérience les propositions synthétiques, comment se justifiera-t-il ici tant qu'il ne percevra pas en général la manière dont l'entendement a le droit de juger synthétiquement *a priori*? comment justifiera-t-il aux yeux des autres que les principes qui valent universellement dans les limites du monde sensible sont aussi applicables à des objets placés en dehors de la sphère de la sensibilité? Il peut bien alors, par exemple, dans l'usage du principe que tout ce qui arrive a une cause, être parfaitement rassuré tant qu'il ne s'en sert que comme une loi naturelle universelle dans le monde des corps ; il conclut ici de chaque événement à sa cause ; car il peut s'en rapporter alors au témoignage universel de l'expérience, qui confirme partout, aussi loin que l'expérience s'étend, l'universalité de cette proposition. Mais s'il veut étendre ce principe hors des limites de l'expérience possible, et, par exemple, conclure de la contingence de tout l'univers à une cause nécessaire du monde, il suppose par là même que cette proposition synthétique n'est pas prise de l'expérience, mais qu'elle a son origine dans l'entendement même, indépendamment de l'expérience, et qu'ainsi l'universalité en est déjà connue *a priori*. Mais comment peut-il se permettre cette supposition tant qu'il n'a pas résolu la question générale de savoir de quelle manière l'entendement peut faire des propositions synthétiques *a priori*, et être assuré qu'elles ne sont pas de simples et vaines liaisons de ses concepts, qu'elles ont au contraire un véritable rapport aux objets?

Le profond silence que gardent sur ce point tous les écrits des philosophes fut l'occasion même qui conduisit *David Hume*, dans ses Essais philosophiques sur la connaissance humaine, au scepticisme, et peut-être aussi à ses attaques si vives contre la religion. Cet investigateur pénétrant apercevait fort bien que la plus grande et la plus importante partie de nos connaissances tient à ce que nous concluons de l'effet à la cause, et réciproquement de la cause à l'effet. Il reconnaît fort bien en même temps que tout effet est un événement tout différent de sa cause, et qu'ainsi la proposition : — Une chose A est la cause d'une autre B, c'est-à-dire si quelque chose est posé, quelqu'autre chose doit nécessairement l'être encore à la suite, — ne peut être connue en vertu du principe de contradiction. Une contradiction n'a lieu, en effet, qu'autant que ce qui est affirmé et ce qui est nié est une seule et même chose. Ainsi, par exemple, la proposition : Si A est affirmé alors A n'est pas affirmé, serait une contradiction manifeste. Mais vouloir trouver une contradiction dans la proposition : Si A est affirmé B n'est pas alors affirmé ; ou : B ne suit pas A, c'est évidemment chercher le plaisir de se contredire soi-même ; car ici, non seulement B est tout différent de A, mais le temps où A est affirmé et où B ne l'est pas, ne sont pas le même temps. Puis donc que je puis dire sans contradiction : A est maintenant, mais pas dans l'instant suivant, je puis dire à plus forte raison sans qu'il y ait contradiction : A est maintenant, mais B n'est pas dans l'instant d'après. Cette remarque saisit vivement l'esprit subtil de Hume. Il se posa donc cette question : Par quelle méthode et par quel raisonnement parvenons-nous à pouvoir rattacher à une chose l'idée de cause qui lui est tout à fait étrangère, idée qui n'y est nullement contenue, et comment donc pouvons-nous dire : A est la cause de B, c'est-à-dire, à quelque chose qui est posé doit toujours nécessairement succéder quelqu'autre chose, quand cependant la non-succession de B ne renferme rien de contradictoire ? Il aperçut fort bien d'une part, selon moi, que la *simple expérience* ou perception ne peut jamais nous conduire à la proposition, qu'une chose est la cause d'une autre, c'est-à-dire qu'à un événement donné doit nécessairement en succéder un autre. La simple expérience ne se rapporte en effet qu'au présent et au passé, mais nullement à l'avenir. Instruits par elle, nous pouvons donc bien savoir qu'à certains événements en ont toujours succédé d'autres jusqu'ici, par exemple, qu'au contact du feu nous avons éprouvé de la douleur, à celui de la neige, du froid, à l'action du soleil, de la chaleur, etc. Mais si nous voulons affirmer que la *simple expérience* peut nous apprendre qu'à l'avenir encore des événements semblables à ceux de la première espèce seront toujours et nécessairement suivis d'événements de la seconde, c'est là manifestement se contredire, et donner une expérience qui n'est qu'une conscience de perceptions présentes et passées pour une perception anticipée d'événements à venir. Mais, d'un autre côté, Hume était persuadé que tout notre savoir se réduit à une simple expérience. Il tient en effet tous ses concepts de l'entendement pour de pures ébauches ou copies de nos impressions sensibles, qui n'en diffèrent que par un faible degré de vivacité. Il niait par conséquent toutes les connaissances *a priori*. Donc, puisque, d'après son opinion, toute notre connaissance provient de l'expérience, et qu'il est impossible que la seule expérience puisse produire la notion de cause, il s'en suit naturellement que la raison ne peut absolument rien savoir de la cause et de l'effet. Il ne restait donc à Hume d'autre parti à prendre qu'à regarder le concept de cause et d'effet comme un simple produit de l'imagination, qui ne le ferait que parce qu'à la vue d'un certain événement qui vient à la suite d'un autre, elle se représente de nouveau cette succession suivant la loi de l'association, lorsqu'il s'agit d'un événement de même espèce, et acquiert ainsi l'habileté et l'habitude de rattacher des événements à d'autres, comme s'ils en étaient des conséquences nécessaires.

Tel était le scepticisme de Hume. Toutes les prétendues connaissances métaphysiques n'étaient à ses yeux que de vaines imaginations de la fantaisie, dont l'origine, aussi bien que l'assentiment et la foi que nous leur accordons, n'ont rien affaire avec un raisonnement quelconque, mais sont dus exclusivement à l'habitude d'associer de plus en plus des expériences liées entre elles dans notre imagination. Grâce à ces associations toujours occasionnées par des choses réellement présentes, cette habitude fait une si forte impression sur nous, que, par une espèce de sentiment ou d'instinct elle nous porte *immédiatement* à consentir et à croire. Hume alla même plus loin, et fit découler de cette source jusqu'à nos jugements en matière de vraisemblance à degrés divers. Ainsi se trouva établie la base non seulement de son audacieuse attaque de tous les miracles, mais en général de toutes ses téméraires agressions contre la religion révélée, ou même naturelle. La cause de son scepticisme tenait uniquement à ce qu'il ne pouvait voir comment la raison est capable d'affirmer *a priori* d'un objet quelque chose qui n'est absolument pas dans son concept, et de ce qu'il ne trouvait là-dessus chez les philosophes aucune explication. « Aucune lecture (dit-il dans son quatrième *Essai*), aucune recherche n'a pu jusqu'ici dissiper mes difficultés, ou me donner sur une matière d'une si grande importance quelque satisfaction. Que puis-je faire de mieux que de proposer cette difficulté au public, quoique peut-être sans grande espérance déjà d'en recevoir une solution? » Un scepticisme aussi dangereux pour la science, la religion et la morale ne pouvait manquer d'habiles contradicteurs, et Hume en rencontra réellement plus d'un. Mais c'est un fait remarquable que pas un seul d'entre eux n'aperçut le véritable état de la question ; tout ce qui lui fut opposé ne touchait en rien son propre doute. On lui analysait les concepts de cause et d'effet; on lui faisait voir que l'un renferme déjà l'autre, et qu'ainsi sont incontestables les propositions : Où est une cause là est un effet; Où est un effet là est une cause ; mais on ne faisait pas attention que Hume ne niait pas le moins du monde ces propositions identiques, et qu'il n'attaquait pas davantage la définition de la cause et de l'effet, mais qu'il s'agissait bien plutôt pour lui de savoir comment la raison parvient à ces concepts, et comment elle peut dire d'une chose quelconque qu'elle est la cause ou l'effet d'une autre chose, c'est-à-dire que si quelque chose est posé, il faille que quelqu'autre chose le soit encore, comme conséquent ou comme antécédent de la première ; et si par suite il n'était pas fondé à soupçonner que les concepts de cause et d'effet sont de pures fictions de l'imagination, et non des produits de l'entendement. On lui objectait de méconnaître la nature de la nécessité hypothétique, puisqu'il n'admettait de certitude que pour la nécessité absolue, alors cependant qu'en matière de choses contingentes, ce qui est nécessaire sous la supposition d'autre chose, et par le fait hypothétiquement, est aussi infailliblement certain que ce qui est nécessaire en soi; mais on ne remarquait pas non plus que Hume demandait précisément à être instruit sur ce point, à savoir, si et comment la raison est capable d'établir entre deux choses différentes une liaison hypothétiquement nécessaire. On se rejetait sur l'importance et la nécessité pratique des concepts de cause et d'effet, des raisonnements de l'un à l'autre, mais on ne voyait pas que Hume se trouvait par là d'autant plus confirmé dans sa voie, puisqu'à la fin de son cinquième Essai il raisonne précisément de cette façon : « Il n'est pas vraisemblable que la nature ait abandonné des connaissances de cette importance à des raisonnements trompeurs, et à des conséquences qui pourraient être erronées, d'autant plus qu'elle procède lentement dans ses œuvres, qu'elle se montre à peine dans les premières années de l'enfance, et que, extrêmement exposée à tout âge, et dans tout le cours de la vie humaine, à l'erreur et à la méprise, il semble incomparablement plus digne de sa sagesse accoutumée d'avoir assuré une opération si nécessaire, une pareille action de l'âme, par un certain mobile naturel, par un instinct, ou par une sorte d'inclination mécanique, qui serait infaillible dans ses résultats, penchant qui se manifesterait au début même de la vie et de la pensée, et qui serait ainsi affranchi de tous les raisonnements que l'entendement ne fait toujours qu'avec peine. » On le renvoyait enfin au jugement universel du sens commun, oubliant toujours que Hume ne regardait pas ce jugement comme un produit de l'entendement, mais qu'il le dérivait simplement de l'habitude et d'un certain sentiment, et qu'il voulait justement être renseigné sur ce point : De quelle manière l'entendement peut-il légitimement porter des jugements tels que ceux qui relient la cause et l'effet ? En un mot, la question précise soulevée par Hume, et dont il estimait la solution impossible, est celle-ci : De quelle manière l'entendement peut-il reconnaître une liaison nécessaire entre des choses tout à fait différentes, ou, pour me servir du langage de Kant, comment peut-il porter des jugements synthétiques *a priori*? question qui resta tout à fait incomprise de tous ses adversaires. Son scepticisme resta donc sans réponse.

Cette analyse du scepticisme de Hume rendra manifeste l'importance des trois premières questions de la Critique de la raison pure de Kant. Dans la préface de ses Prolégomènes même, Kant avoue que le problème posé par Hume l'avait fait d'abord sortir de son assoupissement dogmatique, et donner à ses recherches dans le champ de la philosophie spéculative une tout autre direction. Hume avait restreint sa question aux seuls concepts de cause et d'effet. Mais Kant ne tarda pas à s'apercevoir qu'elle est absolument la même pour tous les concepts métaphysiques, et en chercha conséquemment une solution générale. A ce point de vue sa critique mérite déjà la plus grande reconnaissance et l'examen approfondi de tout philosophe, puisqu'elle tend à ruiner par sa base le scepticisme jusque-là non réfuté de Hume.

Dès qu'une fois les trois premiers problèmes de la Critique de la raison sont résolus d'une manière satisfaisante, on peut en attendre sûrement une solution décisive des deux derniers, ainsi que la détermination précise des limites de la sphère de notre savoir possible et un moyen de découvrir la véritable cause qui porte la raison, non seulement à sortir de ces bornes, mais aussi à se persuader fermement qu'elle peut toujours faire dans ces espaces imaginaires des conquêtes importantes. Mais combien il est désirable que nous puissions une bonne fois arriver à ce point de pouvoir déterminer avec précision, et si clairement pour chacun, jusqu'où peut aller notre spéculation, qu'il fût inutile d'ajouter un mot de plus sur ce sujet !

En considérant tout cela d'ensemble, on aperçoit manifestement l'importance des recherches qui font l'objet de la Critique de Kant. Suivant moi, non seulement elles embrassent et épuisent tout ce qu'il est permis d'attendre pour poser des bases solides d'une métaphysique complète et certaine; mais l'horizon qu'elles ouvrent à l'examen et au contrôle de nos connaissances philosophiques est si incontestablement inattendu et si nouveau, que, dans le très louable effort de notre siècle d'ajouter à toutes les branches des connaissances humaines, il y aurait ou indifférence inouïe ou attachement impardonnable à un système une fois admis, si cette nouvelle échappée de vue qu'un philosophe tel que Kant vient d'ouvrir après de longues et pénibles méditations, n'était pas mise à profit du mieux possible par nos sages dans leurs recherches et leurs révisions à venir.

L'affaire est encore plus importante quand on fait attention à la manière dont Kant a résolu les problèmes posés, et au résultat de ses investigations, résultat que nous allons donner sommairement :

Solution de la première question. La sensibilité et l'entendement sont deux sources essentiellement différentes de notre connaissance, mais qui, dans leur réunion seule, procurent une connaissance réelle. La sensibilité est la capacité qu'a notre âme de recevoir immédiatement des représentations des choses, par le seul fait que nous en sommes affectés de telle ou telle manière. Les représentations qu'elle nous procure se rapportent donc à l'objet qui nous affecte *immédiatement,* c'est-à-dire qu'elles sont des intuitions. Mais toutes nos intuitions ont une double forme : l'une nous représente les objets comme hors de nous et en dehors les uns des autres, c'est-à-dire dans l'*espace*; l'autre nous les représente comme quelque chose qui se trouve en nous, dans notre âme même, et de plus, ou comme des choses simultanées ou comme des choses successives, c'est-à-dire dans le *Temps.* L'espace et le temps sont donc les deux formes auxquelles toutes nos intuitions sont attachées, et comme elles sont des représentations qui se rapportent immédiatement aux objets, elles sont aussi des intuitions. Maintenant la raison pour laquelle toutes nos intuitions sont précisément liées à ces deux formes, doit tenir à la manière dont notre faculté représentative peut être affectée par des objets, par conséquent à la nature originelle de notre sensibilité. L'espace et le temps sont donc des intuitions pures qui, *a priori* déjà, avant toute sensation réelle, se trouvent originairement dans la faculté représentative de notre âme, et servent de fondement à toutes nos représentations réelles, comme conditions déjà nécessaires de leur possibilité. L'espace et le temps ne sont donc pas quelque chose qui s'attache aux objets mêmes; ce sont des représentations purement subjectives en nous. La présence dans l'espace et dans le temps, par conséquent aussi l'étendue, l'impénétrabilité, la succession, le changement, le mouvement, etc., ne sont donc pas des propriétés qui appartiennent aux *objets mêmes et en soi*, ce sont des représentations dans notre âme qui ne tiennent qu'à la nature de notre sensibilité. Nous ne connaissons donc les choses que comme elles *nous apparaissent;* c'est-à-dire que nous ne connaissons que les impressions qu'elles font sur notre capacité sensible de représentation, et que ce qu'elles peuvent d'ailleurs être *en elles-mêmes*, ou les représentations que pourraient s'en faire d'autres êtres raisonnables, nous est entièrement inconnu.

Solution de la seconde question. Toute notre connaissance commence donc par les sens. Ce sont en effet les sens qui nous *donnent* des *objets*, puisqu'ils nous en fournissent des représentations immédiates ou des intuitions. Cependant toutes nos intuitions à elles seules (*vor*[?]*sich allein*) ne sont que quelque chose d'aveugle et de mort, où notre âme est toute passive, puisqu'en cela elle reçoit et prend seulement les impressions ou modifications de la faculté sensible de se représenter les objets qui l'affectent. Les intuitions des objets contiennent donc bien la matière des connaissances, mais en elles seules (*vor sich allein*) elles ne sont pas encore la connaissance même. Pour qu'elles le deviennent il faut encore que l'entendement les *pense*. Or, notre pensée n'est possible que par des *concepts*. Ces concepts sont donc précisément la forme propre de notre entendement, tout comme l'espace et le temps constituent la forme propre de notre sensibilité. Les intuitions qui nous viennent des objets par la sensibilité ne peuvent donc devenir une connaissance qu'autant qu'elles sont soumises aux concepts par l'entendement. D'où il suit que les concepts sont des représentations actives de notre faculté intellectuelle, et qu'ayant pour objets les intuitions des choses, ils ne se rapportent aux choses mêmes que *médiatement*. Or, comme la sensibilité ne peut nous donner que des représentations qui se rapportent immédiatement à l'objet, et que les sens ne peuvent nous donner aucun concept, les concepts doivent donc être de purs produits de l'entendement. Et comme il n'y a de connaissance possible qu'au moyen de ces concepts, l'expérience même n'est possible qu'à cette condition. Les concepts doivent donc être *a priori* déjà, et comme formes originelles de notre pensée, dans la nature de notre entendement même, indépendamment de toute expérience. De même donc qu'il y a dans notre sensibilité des intuitions pures *a priori* qui sont, à titre de formes nécessaires, le fondement de toutes les intuitions empiriques qui nous viennent de la sensation, de même il y a dans notre entendement des concepts purs *a priori*, qui, à titre de formes nécessaires, servent de base à toutes nos connaissances, et dont, en conséquence, toute notre connaissance doit être composée. Or, penser et agir sont une seule et même chose. Par conséquent tout concept que nous nous faisons des objets, contient une forme particulière d'un *jugement* sur ces objets. Il doit donc y avoir tout juste autant d'espèces principales de concepts purs *a priori* qu'il y a de formes d'expérience possibles. Or, la logique apprend qu'il y a, au point de vue de la forme, quatre classes principales de jugements, dont chacune contient trois espèces particulières, et qu'ainsi tous les jugements se distinguent en général, d'après la *quantité*, la *qualité*, la *relation* et la *modalité*.

Ceux de la première classe sont : universels, particuliers, singuliers.

Ceux de la seconde sont : affirmatifs, négatifs, indéfinis.

Ceux de la troisième sont : catégoriques, hypothétiques, disjonctifs.

Ceux de la quatrième sont : problématiques, assertoriques, apodictiques.

Si l'on considère maintenant les concepts qui contiennent la forme diverse de la liaison dans ces jugements, il en résultera la table complète de tous les concepts purs *a priori* qui contiennent toutes les formes possibles de notre pensée tout entière, et que par cette raison Kant appelle *catégories*. Tous nos concepts primitifs *a priori* sont donc :

1° Ceux de la *quantité* : unité, multiplicité, totalité ;

2° Ceux de la *qualité* : réalité, négation, limitation ;

3° Ceux de la *relation* : substance, cause, réciprocité ;

4° Ceux de la *modalité* : possibilité, existence, nécessité.

Ces quatre concepts fondamentaux avec les douze concepts qui en sont parties contingentes, contiennent tout l'ensemble des idées mères qui sont *a priori* dans notre entendement, et dont toutes nos connaissances possibles doivent être composées. Et de cette manière se trouve mesurée pour ainsi dire la capacité de la faculté entière de notre entendement d'après sa nature même, par conséquent tout à fait *a priori* ; mais en même temps se trouve démontrée l'origine pure de nos concepts intellectuels, et leur parfaite indépendance de toute expérience.

Solution de la troisième question. L'espace et le temps, comme intuitions pures *a priori*, sont sans doute de simples représentations subjectives. Mais comme formes nécessaires de notre sensibilité, sans lesquelles aucun objet ne peut être empiriquement perçu ou senti par nous, ils ont un rapport nécessaire aux objets de nos sens; c'est-à-dire que l'espace et le temps sont des prédicats nécessaires de tout ce qui doit être un objet de nos sensations externes ou internes. De cette manière sont donc établis les principes *a priori* suivants :

1° Tout ce qui doit être un objet de nos *sens externes*, c'est-à-dire tout ce qui doit être perçu ou senti par nous empiriquement comme une chose extérieure, est dans l'*espace*, et par conséquent tous les prédicats de l'espace, tels que l'étendue, la divisibilité, etc., lui conviennent nécessairement;

2° Tout ce qui doit être un objet de nos sens *en général*, soit de l'externe ou de l'interne, est dans le temps, et par conséquent tous les prédicats du temps, tels que la simultanéité, la succession, etc., lui conviennent aussi nécessairement.

La réalité objective de l'espace et du temps, c'est-à-dire leur liaison synthétique avec des objets, n'a pas d'autre fondement, parce que sans eux aucun objet ne peut être empiriquement perçu ou senti par nous. De même, tous les concepts purs *a priori* sont quelque chose de purement subjectif dans notre entendement, mais comme forme de toute pensée en nous, sans lesquels aucun objet ne peut être pensé, ni aucune connaissance absolument résulter de toutes nos intuitions. Ils doivent aussi se rapporter, et nécessairement, à tous les objets de notre sensibilité; c'est-à-dire qu'ils doivent être les prédicats nécessaires de tous les objets de notre sensibilité. Autrement, en effet, toutes nos perceptions seraient aveugles, et nous ne pourrions absolument pas les connaître; il n'y aurait ainsi aucune connaissance possible de l'espace et du temps, et, par suite, aucune connaissance mathématique ne serait possible ; bien plus, c'en serait fait de toute perception et de toute expérience. De là le principe synthétique nécessaire et *a priori* suivant : Tout ce qui doit être un objet de l'expérience possible, ne doit pas être uniquement dans l'espace et dans le temps; il doit être aussi le sujet nécessaire de chaque classe de concepts intellectuels purs, au moins de l'un de ces concepts pour chacune d'elles. Telle est donc la base de la réalité objective de tous nos concepts intellectuels purs, parce que sans eux aucune connaissance des objets des sens, aucune expérience, par conséquent, n'est possible. Si donc on était tenté, par exemple, d'affirmer que le concept de cause n'a pas de rapport aux objets, que c'est un simple fantôme qu'une longue expérience nous a fait prendre pour quelque chose de réel, il faudrait alors nier en général toute connaissance d'objets sensibles, c'est-à-dire la possibilité de l'expérience même. Loin donc que, suivant la prétention de Hume, nos concepts ne soient que des copies de nos impressions sensibles que nous fabriquerions en partant de l'expérience, c'est bien plutôt par leur liaison avec les objets que l'expérience même est possible.

Nos concepts *a priori* ont donc une réalité objective ou un rapport à des objets, en ce sens qu'ils doivent être liés à titre de prédicats nécessaires à tout objet de l'expérience possible. Mais une liaison de cette nature suppose une analogie entre le concept et l'objet. Et cependant des concepts sont entièrement dissemblables des intuitions qui en sont l'objet. Il doit y avoir une représentation troisième et moyenne *a priori* qui ait une certaine analogie tant avec l'intuition qu'avec le concept, et à l'aide de laquelle, par conséquent, la liaison du concept avec l'objet soit possible. Cette représentation moyenne que Kant appelle le schème du concept, c'est le *temps*. Le temps, en effet, est non seulement l'analogue de toutes les intuitions, puisqu'il est lui-même une intuition pure *a priori*; mais, étant aussi la forme de toutes les sensations, tant internes qu'externes, sa représentation est aussi contenue dans toute intuition empirique des objets ; et comme c'est une représentation *a priori*, elle est, à ce titre, analogue aussi à tout concept *a priori*. La liaison d'un concept pur avec un objet n'est donc possible qu'à l'aide du temps seul, comme schème; c'est-à-dire qu'aucun objet ne peut être immédiatement subsumé [soumis, subordonné] à un concept pur, mais qu'il ne doit l'être ainsi qu'à son schème, c'est-à-dire au temps. Sans ce schème donc, tous nos concepts purs ne sont que des concepts vains, sans matière ni application aux objets. Soit, par exemple, le concept de substance: s'il est pensé sans son schème, c'est-à-dire sans durée dans le temps ou sans permanence, il devient un concept vide par lequel on pense, à la vérité, un sujet, qui n'est pas, à son tour, prédicat d'un autre sujet, mais dont on ne peut rien faire, parce qu'on ignore la condition sous laquelle il peut être rapporté et appliqué à quelque objet.

C'est à l'aide de ce schème des concepts purs que se déterminent également avec netteté, d'après le fil conducteur de la table précédente, tous les principes synthétiques *a priori*, principes qui sont les suivants :

1° Principe de la *quantité* : Tous les phénomènes sont, quant à leurs intuitions, des grandeurs extensives ;

2° Principe de la *qualité* : Dans tous les phénomènes, la sensation et la réalité qui, dans l'objet, y correspond, a une *grandeur intensive* ou un degré ; c'est-à-dire que toute réalité peut toujours être réduite, par une différence graduée à l'infini, plutôt que d'être réduite à zéro ;

3° Principe de la *relation* :

a) Dans tous les phénomènes il y a quelque chose de *constant*, c'est-à-dire la substance, et quelque chose de *muable*, ou des accidents ;

b) Tout ce qui arrive a une cause ;

c Toutes les substances, en tant que simultanées, sont en état d'action et de réaction matérielle ;

4° Principes de la *modalité* :

a) Ce qui est d'accord avec la forme de l'expérience est possible ;

b) Ce qui tient à la matière de l'expérience, c'est-à-dire à la sensation, est réel ;

c) Ce qui tient au réel d'après les conditions universelles de l'expérience, est nécessaire.

Ainsi, par la déduction ci-dessus des concepts intellectuels purs, se trouve non seulement résolu pleinement le problème de Hume : Comment l'entendement peut-il concevoir *a priori* une liaison nécessaire entre des objets tout à fait différents, mais en même temps déterminer parfaitement le nombre précis de tous les principes synthétiques possibles?

Solution de la quatrième question. Il résulte aussi de cette déduction des concepts intellectuels purs que leur réalité objective se rapporte exclusivement à des objets d'une expérience possible, par conséquent à des choses purement *sensibles*, à des *phénomènes*. Tous les principes synthétiques de l'entendement pur ne sont donc que des principes qui servent de fondement à la possibilité de l'expérience, et ne sont par conséquent rien de plus que des lois immuables et nécessaires de la nature. L'usage des concepts et des principes purs de notre entendement ne s'étend donc qu'au champ de la sensibilité, ou à l'enchaînement régulier de la nature. Aussitôt donc qu'on les applique à des choses en dehors du champ de l'expérience possible, leur réalité objective devient indémontrable ; ils ne sont plus alors que des liaisons complétement vaines, sans rapport avec aucun objet, rien de plus par conséquent que de simples jeux de la pensée.

De là cette détermination précise de l'usage de notre entendement :

1° Tous les concepts élémentaires dont notre entendement est capable, et qui constituent la matière première de toutes les connaissances possibles *a priori* sont justement celles qui sont indiquées par la table précédente, en sorte que nous savons *a priori* avec une parfaite certitude qu'il n'y en a ni plus ni moins, et qu'ainsi la table en est précise et complète.

2° Tous ces concepts élémentaires sont simplement applicables à des objets sensibles, et ne servent par conséquent qu'à déterminer les prédicats nécessaires de toute intuition possible. Tous les objets auxquels ils se rapportent ne sont donc que de simples intuitions des choses, et la diversité qui est contenue dans ces intuitions. De là les conséquences suivantes :

a) De tous nos concepts élémentaires, pas un seul, en général, n'est applicable à des objets que nous nous représentons en dehors du domaine de la nature, ou du champ de l'expérience possible. Nous ne pouvons en conséquence pas du tout les appliquer par exemple à un être souverainement parfait, ni prouver par conséquent que cet être a une quantité ou des qualités; qu'il est une substance, une cause des autres choses ; qu'il est possible, ou réel, ou nécessaire. L'être souverainement parfait n'étant point un objet de la sensibilité, son schème fait ici défaut à tous ces concepts. Or, sans schème ou détermination de temps, ces concepts ne peuvent se rattacher à aucun objet. Nous ne pouvons donc pas dire de cet être qu'il a une *quantité*, puisque le concept de quantité, qui devrait être ici totalité, ne peut être produit par l'entendement qu'au moyen du temps, par la répétition successive de l'unité. Nous ne pouvons non plus lui attribuer aucune *qualité*, puisque notre entendement ne sait des qualités des choses que la seule réalité qui correspond à notre sensation, et qu'il se représente en conséquence comme une unité qui peut s'affaiblir graduellement jusqu'à n'être plus rien. Pour pouvoir l'appeler *substance*, il faudrait pouvoir prouver qu'il est permanent, c'est-à-dire qu'il persiste dans tout le temps; concept qui par conséquent reviendrait purement à dire qu'il est un sujet avec prédicats, et qui n'est lui-même prédicat d'aucune autre chose. Mais, parce que nous ne pouvons nous représenter ce sujet comme quelque chose de permanent ou de durable, il n'est pas pour nos concepts un objet qui en diffère, dont nous ayons ainsi la moindre connaissance; mais c'est une représentation tout à fait vaine, qui est purement logique, qui n'a pas de sens en dehors de cet usage logique, et qui n'indique absolument aucun objet. On ne peut pas prouver davantage qu'il est *cause* du monde, puisque le concept de cause désigne quelque chose d'antérieur à quelque autre chose qui fut, d'après une loi, et qui en est l'effet. Enfin, on ne peut prouver ni sa possibilité, ni son existence nécessaire [ni, par conséquent, son existence réelle], puisque, si la possibilité, la réalité et la nécessité dont il est ici question, ne doivent pas concerner un simple concept, et qu'elles doivent porter sur l'objet du concept même, elles portent alors ou sur une substance ou sur un acccident de la substance, c'est-à-dire ou sur quelque chose de permanent, ou sur quelque chose qui change dans le permanent, et dès lors les concepts de possibilité d'existence et de nécessité de cet être supposent toujours une détermination de temps, détermination impossible dans l'être souverainement parfait. Ce qu'on vient de dire de l'être absolument parfait s'applique également à l'être simple. En effet, un être simple ne peut non plus être l'objet de notre sensibilité, et dès lors aucun de tous nos concepts élémentaires n'y est applicable. Notre entendement ne possède donc aucun concept qui puisse lui convenir.

b) En ce qui regarde les objets de la sensibilité, nos concepts élémentaires ne peuvent nous révéler absolument aucun des prédicats qui leur conviennent *en eux-mêmes*; tous les prédicats qui leur sont attribuables par cette voie ne regardent que leur simple intuition et la liaison du divers en eux, par conséquent la simple *manière dont ces objets nous apparaissent*. Aussi peu donc nos sens sont capables de nous fournir une représentation de la manière dont les choses que nous sentons peuvent être *en elles-mêmes*, sans rapport à notre sensibilité, aussi peu notre entendement est en état de nous donner le moindre concept ; tous les concepts, au contraire, que nous pouvons en avoir, ne regardent que les impressions diverses qu'elles peuvent faire sur notre capacité représentative. De même, par exemple, que nous ne pouvons pas dire des choses que nous appelons matérielles, qu'elles sont étendues en soi, mobiles, impénétrables, etc., nous n'en pouvons pas dire non plus qu'elles ont en soi quantité ou qualité, qu'elles sont des substances, qu'elles ont entre elles un commerce d'action et de réaction, qu'elles sont possibles ou réelles. Ce qui veut dire, pour qu'on ne s'y méprenne pas, que, par rapport à ce que les choses sont *en elles-mêmes*, elles ne sont absolument pas des objets pour nos sens, non plus que pour notre entendement, et que n'étant qu'objets de nos sens et de notre entendement, elles ne sont absolument rien qui soit hors de nous ; qu'elles ne sont à ce titre, au contraire, que de simples représentations en nous, c'est-à-dire de simples modifications de notre sensibilité, ou des représentations des impressions qu'elles font sur notre esprit, et que ces représentations sont les objets propres que pense l'entendement, c'est-à-dire auxquels tous ces concepts se rapportent.

c) Quand donc on regarde des objets sensibles comme des choses qui peuvent être connues *en soi* par l'entendement humain, on s'en fait un concept contradictoire ; on se représente donc dans ce champ un non-être. Donc les trois questions cosmologiques : — Si le monde est fini ou infini en étendue ; s'il a eu un commencement ou s'il a toujours été ; si la multitude de parties dont il se compose est finie ou infinie, sont de pures chimères. En effet, dans les deux premières questions on se représente le monde, et dans la troisième chaque corps, comme un tout donné dans l'entendement. Or, s'il n'est ni infini ni fini en étendue, c'est-à-dire si un monde limité par un espace vide est donné à l'entendement comme un objet de la sensibilité, il doit lui être donné comme une chose en soi. Mais comme on entend par monde l'ensemble de tous les objets sensibles, l'ensemble de toutes les choses sensibles serait donc une chose en soi. Ce qui répugne. Donc un monde fini ou infini est un non-être. Il faut en dire autant d'un monde qui aurait déjà une durée infinie, ou d'un monde qui aurait eu un commencement, avant lequel par conséquent un temps vide aurait existé. Même chose encore d'une matière composée de parties infiniment nombreuses, ou d'une matière composée d'un nombre fini de parties. En effet, chaque partie de la matière est un objet de la sensibilité. Or, une multitude infinie ou finie de parties n'est pas un objet de la sensibilité. Le premier cas est évident. Le second résulte de ce fait que chaque partie dans l'espace est divisible, mais que l'espace est toujours divisible, et qu'ainsi aucune partie n'en peut être indivisible ou la dernière. Ici encore on se représente donc contradictoirement comme des choses en soi les parties de la matière, qui ne sont que de simples objets sensibles.

d) Mais comme notre entendement ne peut se faire le moindre concept d'objets non sensibles en général, ni par conséquent de la manière dont peuvent être en soi les choses dont nous connaissons les impressions sur notre capacité extérieure ou intérieure de sentir, ni par conséquent en prouver l'existence ou la possibilité, ni même concevoir un entendement capable de connaître de semblables choses, il n'est par conséquent pas capable lui-même de prouver la non-existence ou l'impossibilité d'objets non sensibles, la non-existence ou l'impossibilité des choses en soi, ou simplement d'en douter par quelque raison d'une certaine force apparente. Car dans les choses dont nous ne pouvons absolument rien savoir, toute affirmation, soit pour soit contre, est également absurde. Notre entendement se déterminant ses propres limites, les franchirait donc de la façon la plus ridicule même, s'il prétendait affirmer ou seulement conjecturer qu'il n'y a pas de choses non sensibles, qu'il n'y a rien que de purement naturel, que rien, absolument rien comme chose en soi n'est la raison de nos impressions sensibles, qu'il est lui-même capable de tout saisir, que sa manière de se représenter les choses est la seule possible, et qu'en conséquence tout ce qui serait en dehors de la sphère de sa connaissance n'est absolument rien. Notre entendement ne peut donc pas, bien certainement, s'élever au moyen de ses concepts au-dessus de la sphère de la sensibilité; mais si, en dehors de cette sphère, il n'y a pour lui que du vide parfait, et qu'il se pose lui-même ses limites, il pose en même temps ce problème : S'il n'y aurait pas encore en dehors de ces limites un champ infini d'objets. A la vérité il ne peut résoudre ce problème, en ce sens qu'il serait capable de prouver l'existence et la possibilité, bien loin de pouvoir établir la nature et les propriétés d'objets non sensibles. Mais posé qu'il y ait certaines fins nécessaires de l'humanité, qui ne puissent être atteintes qu'en supposant l'existence d'objets non sensibles, on obtient par la délimitation précédente le grand avantage que rien ne s'oppose à cette supposition, et qu'il n'y a homme au monde capable de jeter une simple apparence de doute sur la foi en l'existence de ces objets non sensibles. Nous ne pouvons, il est vrai, prouver d'aucune manière l'existence de l'être suprême ni l'immortalité de l'âme, mais tout notre intérêt pratique exige infailliblement de nous la supposition de ces deux dogmes comme des vérités indubitables, et la ferme adhésion à leur croyance. Autrement, en réalité, il faudrait refuser à toutes les lois morales leur entier effet, toute leur autorité et leur influence, et les regarder comme des simples chimères. Mais ce serait là nier toute dignité humaine, puisque sans l'accomplissement des lois morales, c'en est fait non seulement de toute félicité humaine, mais encore de tout mérite, du mérite même d'avoir le privilége de la raison. Les lois morales tiennent donc d'une façon si étroite non seulement à notre félicité, mais encore et immédiatement à toute la dignité humaine, par conséquent à nos fins suprêmes les plus nécessaires, que nous ne pouvons pas les supprimer sans nous dégrader à nos propres yeux. Mais notre croyance en Dieu et à une vie à venir est à son tour aussi étroitement liée aux lois morales, et nous ne sommes pas moins certains par là qu'aucune spéculation dans le monde n'est capable de nous rendre avec quelque apparence de vérité cette foi suspecte; car nous pouvons déjà savoir *a priori*, de la science la plus certaine, et sans avoir encore découvert les paralogismes que peuvent renfermer les objections contre ces croyances, que ces objections ne peuvent être en réalité que des illusions sophistiques.

e) Mais encore que nous ayons des raisons subjectives suffisantes de supposer et de croire certains objets non sensibles, cependant leur existence ne peut absolument pas être prouvée par des raisons objectives ; nous ne pouvons donc leur appliquer aucun de nos concepts, dans son sens propre, ni par conséquent nous flatter d'avoir la plus légère connaissance de la manière dont ils peuvent être en eux-mêmes. Tout ce qui nous reste à faire ici consiste uniquement à tâcher de déterminer par *analogie*, leur *rapport* avec les *choses sensibles*, d'après les rapports mêmes que les *choses sensibles* ont *entre elles*. On tomberait donc dans un anthropomorphisme grossier si l'on voulait attribuer à l'être suprême un entendement et une volonté tels que nous les connaissons dans l'homme. Et pourtant, comme nous ne connaissons pas d'autre entendement ni d'autre volonté que les nôtres, qui tiennent à la nature de la sensibilité, attribuer à l'être suprême un entendement et une volonté de cette sorte ; dire de lui qu'il pense, juge et désire comme pensent, jugent et désirent des hommes, c'est évidemment former la divinité sur le patron de la nature humaine. De même nous ne pouvons dire de l'être suprême, dans le sens propre du mot, qu'il est la cause du monde : notre concept de cause indique toujours dans le temps quelque chose qui précède quelque autre chose qui vient après comme effet : or, un antécédent de cette nature ne se rencontre pas en Dieu comme être non sensible. Quand donc on dit, par exemple, que Dieu sait tout, le concept qu'on peut s'en faire est donc simplement celui-ci : Ce que nous appelons toute science en Dieu, est à toutes les propriétés que toute chose possible possède en soi, comme le savoir humain est aux choses sensibles ; semblablement, le concept que nous pouvons nous faire de l'amour de Dieu, revient simplement à ceci : Ce que nous appelons l'amour en Dieu est, à l'égard du salut du genre humain tout entier, comme l'amour des parents pour le bien de leurs enfants. Pareillement, le concept que nous pouvons nous faire de Dieu comme cause et régulateur du monde n'est que celui-ci : L'être suprême se comporte à l'égard du monde, comme, par exemple, l'horloger par rapport à une montre qu'il a faite, ou comme un prince à l'égard d'un pays qu'il gouverne. Et encore quand nous appelons les choses en soi des substances, ou que nous nommons les causes des impressions qu'elles font sur notre sensibilité, nous ne pouvons entendre autre chose par là, sinon qu'elles sont aux propriétés qui leur appartiennent en soi [à ces choses], comme est, dans les phénomènes, le permanent à ce qu'il y a en lui de muable, et aux impressions qu'elles font sur nos sens, comme ce qui précède dans les choses sensibles est à ce qui toujours le suit nécessairement. De cette manière nous savons aussi bien ce qu'est le souverain être que toute autre réalité en soi ; c'est-à-dire que nous n'en savons pas la moindre chose, mais que nous n'ignorons pas toutefois ce qu'il est pour nous ; le surplus nous est inutile.

3) Tous les principes synthétiques de notre enten-

dement, à l'aide desquels nous pouvons juger des objets, sont précisément ceux que donne la table qui en a été dressée plus haut. Nous connaissons donc maintenant *a priori* le fondement total de toutes les connaissances dont notre entendement est capable. Vienne donc une assertion métaphysique quelconque, elle peut sans aucun détour être soumise à l'épreuve de ces principes. On doit effectivement se demander avant tout sur quel principe se fonde l'assertion. Si ce principe n'est pas du nombre de ceux qui ont été reconnus comme les seuls possibles de notre entendement, on en peut déjà conclure avec une certitude démonstrative que toutes les preuves à l'appui sont vicieuses.

4) Mais tous ces principes de notre entendement n'ont de valeur objective qu'autant que la possibilité de l'expérience en dépend ; ce qui fait que l'usage s'en trouve restreint au domaine de l'expérience possible, et qu'ils ne servent qu'à déterminer l'enchaînement nécessaire des choses sensibles entre elles. Ils ne sont donc pas autre chose que des règles ou lois universelles auxquelles tout objet sensible est soumis ; d'où l'on peut dire avec raison que notre entendement, loin de tirer tout d'abord ses principes de la nature, donne plutôt par ces principes *a priori* ses propres lois à la nature pour commencer, et qu'il est ainsi la véritable législation de la nature ; en sorte que sans ces principes de notre entendement c'en serait fait de toute régularité et de tout ordre entre les choses sensibles, par conséquent de la possibilité de l'expérience même.

Aussitôt donc qu'avec les principes de notre entendement nous essayons de nous élever au dessus de la nature, jusqu'à des objets non sensibles, nous faisons de ces principes un abus que rien ne peut justifier. C'est ce qui résulte déjà clairement de leur notion plus approfondie. En effet, dans chacun de ces principes de l'entendement humain le sujet lui-même est un objet sensible. A son tour le prédicat dans chacun d'eux encore n'indique qu'un objet sensible. Car dans le principe de la quantité est le prédicat *quantité étendue*; dans le principe de la qualité ce qui correspond à la *sensation*. Les principes de la modalité ne sont à proprement parler que de simples définitions de la possibilité, de la réalité et de la nécessité, et prouvent déjà par eux-mêmes que ces concepts ne peuvent indiquer que des objets sensibles. Quant aux principes de la relation, le prédicat du principe de la substantialité contient le permanent et le muable, quelque chose par conséquent qui existe dans le temps. Le principe de la communauté contient la mutualité d'action entre des choses sensibles. Dans le principe de la causalité : Tout ce qui arrive a une cause, il semblerait au premier abord que le prédicat *cause*, entièrement distinct du sujet, peut convenir à des choses non sensibles ; mais cela n'est pas : le concept de cause y indique simplement quelque chose qui précède dans le temps, et, par suite, quelque chose qui est même un événement, qui est par conséquent un objet de la sensibilité.

5) Mais si notre entendement ne peut se faire d'ob-

jets insensibles un concept quelconque ni en juger, notre raison n'est pas moins impuissante à conclure un objet de cette nature ; en sorte qu'aucun raisonnement de raison [déductif] ne peut conduire à de nouveaux objets qui pourraient être en dehors de la sphère de l'expérience possible. Tout ce que nous pouvons atteindre par nos raisonnements déductifs se réduit à ceci : que nous cherchons à faire de toutes les connaissances diverses que l'entendement nous donne du monde sensible un tout systématique complet. En effet, dans tout raisonnement rationnel, la majeure renferme une règle universelle de l'entendement, la mineure subsume par le jugement un certain objet à la condition universelle de cette règle, et la conclusion en déduit par la raison que ce qui a été universellement dit dans la majeure sous la condition posée, est dit également de l'objet contenu sous la même condition d'après la mineure. Si donc le raisonnement déductif ne doit pas être un vain jeu de concepts, s'il doit nous donner une connaissance d'un objet, et avoir ainsi une réalité objective, il faut que la majeure, comme base de cette espèce de raisonnement, possède elle-même une réalité objective. Elle doit être nécessairement un des principes synthétiques de l'entendement, parce que ces principes ne peuvent se rapporter qu'à des objets. Mais, dans tout principe synthétique de l'entendement, le prédicat ne se rapporte jamais qu'à des objets sensibles. Et comme le prédicat énoncé par la conclusion touchant l'objet est le même que la majeure exprime touchant le sujet, il s'ensuit que tout objet dont une conclusion peut nous apprendre quelque chose, doit être nécessairement un objet sensible. De plus, le sujet de la conclusion d'après la règle de la mineure doit toujours être soumis à la condition sous laquelle la règle de la majeure possède une valeur universelle. Or, dans tous les principes synthétiques de l'entendement, la condition de leur valeur universelle est toujours une détermination de temps, comme schème de tous les concepts. Le sujet de la conclusion doit donc toujours se trouver soumis à la détermination du temps; d'où il suit encore que ce sujet ne peut être qu'un objet sensible. C'est ainsi, par exemple, qu'il est absolument impossible de prouver par une série quelconque de raisonnements déductifs, qu'il y ait des actions libres dans le sens métaphysique du mot, c'est-à-dire des actions qui ne soient pas à leur tour des conséquences nécessaires d'actions antérieures, ni par conséquent qu'il doive y avoir une cause suprême du monde. Dans les deux cas en effet il faudrait, dans le premier raisonnement, partir de ce principe : Tout ce qui survient a une cause, pour arriver de nouveau par la conclusion à une cause. Mais comme le prédicat *cause* dans la majeure indique quelque chose qui précède dans le temps, il y a par là même un événement; et alors aussi la cause à laquelle aboutit la conclusion est elle-même un événement, quelque chose, par conséquent, qui est aussi l'effet d'une autre cause. En vain donc on entassera syllogismes sur syllogismes, on restera toujours dans le champ des phénomènes, ou dans le domaine de la sensibilité, où chaque cause et chaque action à laquelle on arrive supposent une cause ou une action nouvelle, et où l'on ne parvient jamais à une cause qui soit absolument première, qui ne soit par conséquent pas un phénomène, mais qui soit un objet non sensible. Il est donc clair par là que la raison par ses raisonnements, tout aussi peu que l'entendement par ses concepts et ses principes, ne peut nous conduire au-delà des limites de l'expérience possible, et qu'ainsi elle ne peut, par ses spéculations, procurer à l'entendement des objets nouveaux, mais qu'elle doit au contraire se borner à travailler davantage les connaissances naturelles et générales que l'entendement lui fournit, et à les réduire autant que possible à un système parfait.

6) Tous les concepts que notre raison peut se faire de *quelque chose qui est absolument inconditionné*, sont donc de simples idées dont la réalité objective n'est démontrable par aucune espèce de raisonnements rationnels. Dans le monde sensible, en effet, tout est conditionné; dès lors l'absolument inconditionné n'appartient pas au monde sensible et doit être un objet insensible. Mais il n'y a pas de raisonnements rationnels, on l'a prouvé, qui puissent nous conduire à des objets non sensibles. Tout concept de quelque chose absolument inconditionné est donc une simple idée dont une réalité objective est indémontrable.

7) Donc le principe : Si le conditionné est donné, l'absolument inconditionné l'est également, n'est

qu'une maxime logique et subjective de la raison, destinée à donner autant que possible à ses connaissances naturelles de l'intégralité systématique et de l'unité, et ne doit par conséquent s'arrêter à aucun phénomène, mais s'avancer, au contraire, du plus petit au plus grand, du plus grand au plus petit, de cause en cause, aussi avant que possible. Aussitôt, au contraire, que l'on considère ce principe comme un principe métaphysique, et que l'on en déduit la possibilité et l'existence d'objets absolument inconditionnés, tous ces raisonnements sont alors des paralogismes dialectiques, avec lesquels la raison se fait illusion.

8) Et comme la cosmologie, la psychologie et la théologie spéculatives tout entières ne reposent que sur ce principe, ces trois sciences métaphysiques, considérées spéculativement, ne sont qu'un système de purs paralogismes. Et comme on a également rattaché jusqu'ici à l'ontologie le concept orgueilleux que cette science nous fait connaître les attributs qui conviennent à chaque chose *en soi,* tandis qu'il résulte de toute la Critique que nous ne pouvons absolument rien savoir d'aucune chose sur sa constitution intime et propre, que nous ne connaissons chaque chose que comme elle nous apparaît, l'ontologie, prise dans le sens usité jusqu'ici de ce mot, tombe tout entière et doit être convertie en une simple *analytique de nos concepts intellectuels*.

De cette manière donc, toute la métaphysique, en tant qu'elle doit être traitée d'une manière spéculative et dogmatiquement, n'est qu'une *métaphysique de la nature,* qui se compose de deux parties : de l'*analytique de nos concepts*, qui prend la place de l'ontologie, et d'une *science rationnelle de la nature,* ou *physiologie*, qui détermine *a priori* les principes de l'entendement, par conséquent les lois universelles de la nature. Quant à la cosmologie, à la psychologie et à la théologie rationnelles, il n'y a pas d'exposition dogmatique à en faire. On ne peut que mettre en évidence d'une manière critique les paralogismes dans lesquels tombe nécessairement tout philosophe qui prétend affirmer ici dogmatiquement quoi que ce soit. Cependant la *morale pure* supplée à l'impuissance de la spéculation en matière de psychologie et de théologie, puisqu'elle attache à la croyance en Dieu et à celle de la vie future un intérêt si pressant, que personne ne peut douter de ces grandes vérités sans nier les fins essentielles de l'humanité, et se rendre haïssable à ses propres yeux. En dehors de la métaphysique de la matière il y a donc aussi une *métaphysique des mœurs* qui doit être tirée des principes pratiques de la morale pure; une fois cette tâche accomplie, l'œuvre de la raison spéculative est de régler les concepts de Dieu et de la vie future, et de les garantir de tout mélange de représentations sensibles. Mais, en ce qui regarde la cosmologie rationnelle, on constate ce phénomène remarquable, que la raison tombe ici en contradiction manifeste avec elle-même, en telle sorte que la thèse et l'antithèse peuvent s'attaquer avec un égal avantage. Dans les deux premières antinomies la contradiction est réelle, car une multitude finie ou infinie de parties dans la matière, un monde fini ou infini quant à l'étendue et à la durée, sont également quelque chose d'absolument inconditionné, des objets non sensibles, quand cependant la matière et le monde sont de simples phénomènes, par conséquent des objets sensibles. Il y a donc ici une contradiction dans les concepts mêmes, et les questions de l'étendue, de son commencement, de la multitude de ses parties du monde se résolvent en de simples chimères. Mais dans les deux dernières antinomies de la cosmologie, la contradiction n'est qu'apparente, et tient des deux côtés à un simple malentendu. En tant que nos actions se montrent comme phénomènes dans le monde sensible, l'antithèse est sans doute dans le vrai en prétendant qu'elles ne sont pas libres, qu'elles ne peuvent être, au contraire, que des conséquences nécessaires d'actions antérieures, car il n'y a effectivement pas de place pour la liberté dans le monde, où tout est nature. Mais si l'on considère en même temps ces actions comme des effets de la raison pure, par conséquent comme des propriétés d'un objet non sensible, ou d'une chose *en soi*, qui n'est pas soumise aux conditions du temps, on peut sans contradiction soutenir la thèse, à savoir, que ces actions qui, comme *phénomènes*, sont des conséquences nécessaires de notre état sensible antérieur, ne sont cependant pas, *en soi*, comme actions immédiatement produites par la raison, soumises à la nécessité des lois naturelles, et peuvent par conséquent être libres. Sans doute, dans le monde sensible tout entier, l'existence n'est que d'une nécessité hypothétique; mais il ne s'en suit pas du tout qu'il ne puisse y avoir en dehors du monde un être absolument nécessaire, qui soit au monde comme la cause est à l'effet. De cette manière, la raison spéculative doit donc établir en cosmologie, par la révélation critique des paralogismes dans les quatres antinomies, que, tout en n'étant pas capable de prouver dogmatiquement la possibilité de la liberté et l'existence d'un être absolument nécessaire, elle n'est cependant pas non plus capable d'alléguer contre ces deux assertions la plus légère objection fondée, et d'établir le moindre doute.

Solution de la cinquième question. Autant il est aisé de montrer clairement par le simple exposé de tant de systèmes métaphysiques qui se contredisent les uns les autres combien la raison est pénétrée de son impuissance à s'élever d'une manière satisfaisante au-dessus des limites de la sensibilité, autant il lui est difficile toutefois de réprimer son penchant à le faire, et de se persuader qu'en dehors de ces limites il n'y a pas de découvertes à espérer pour elle. Mais il ne faut point s'en étonner : la raison de cet irrésistible penchant à franchir les bornes de la sensibilité est dans la nature de la raison même. Comme faculté de raisonner, c'est-à-dire de dériver de jugements donnés d'autres jugements, elle peut se contenter des seuls concepts et principes primitifs de l'entendement; elle doit absolument poursuivre aussi loin qu'elle le peut, par ses raisonnements déductifs, les connaissances possibles par suite de ces principes mêmes. Or, tant que ce qu'elle a connu par ses raisonnements est quelque chose de purement hypothétique ou conditionné, la question de la condition reste encore pour elle à résoudre. Elle ne trouve donc le terme, la fin de ses questions et de ses raisonnements, qui sont toujours les mêmes avec tout ce qui est hypothétique ou conditionné, que dans l'absolu ou l'inconditionné. Notre raison se voit ainsi sommée par sa propre nature de se faire une loi de s'élever, dans toute espèce de raisonnements, de condition en condition jusqu'à ce qu'elle arrive à quelque chose qui soit absolu et inconditionné ; en telle sorte que chaque espèce possible de raisonnement déductif la conduit tout naturellement et infailliblement à un concept particulier de l'absolu ou inconditionné, c'est-à-dire a une *idée* particulière. Or, comme il y a trois espèces différentes de raisonnements déductifs, le catégorique, l'hypothétique et le disjonctif, il est clair qu'il peut y avoir aussi trois espèces d'idées, c'est-à-dire de concepts rationnels de l'absolu et inconditionné. Dans les raisonnements rationnels catégoriques la raison poursuit les concepts composés du sujet dans la majeure par de nouveaux prosyllogismes jusqu'à ce qu'elle arrive au concept simple d'un sujet qui ne soit plus un prédicat d'autres sujets. Ce qui la conduit à l'idée d'un sujet absolu qui n'est pas un aggrégat de plusieurs autres sujets, mais bien une unité absolue. Dans les raisonnements rationnels hypothétiques la raison s'avance par des prosyllogismes de la condition dans la majeure jusqu'à ce qu'elle rencontre dans la série une condition où elle puisse s'arrêter. Ce qui la conduit à l'idée d'un absolument inconditionné dans toute série de conditions données. Par les raisonnements disjonctifs la raison recherche dans la majeure tous les prédicats possibles qui peuvent convenir jusqu'à un certain point à un concept donné, pour décider en conséquence, et après l'exclusion de tous les autres, de ceux qui doivent nécessairement convenir à ce concept; elle suppose donc comme nécessaire pour la détermination réelle des prédicats qui conviennent à un concept déterminé, donné, qu'elle connaît la somme entière de tous les prédicats possibles. Ce qui la conduit à l'idée de la totalité absolue de tous les prédicats possibles. A l'aide de la *première* idée la raison voit donc l'unité absolue du sujet comme la condition suprême et nécessaire de tout sujet, dans lequel la multiplicité, par conséquent la composition, se rencontre; et comme on entend par sujet, quand on le prend métaphysiquement pour un objet, une substance, la raison se fait ainsi l'idée de substances simples, et en conclut que toute substance est déjà simple en soi, ou qu'un aggrégat se compose de substances absolument simples. Et cette idée, elle ne l'a pas seulement en matière physique ou à propos des éléments simples de la matière, mais aussi et surtout en matière psychologique, ou à propos de la nature simple de notre principe pensant. Par la *seconde* idée la raison considère la totalité absolue et l'intégralité de la série des conditions comme condition suprême, nécessaire de tout conditionné donné. Or, tout temps donné suppose d'abord la totalité du temps écoulé, et tout espace donné tout le reste de l'espace. La raison se fait la première idée cosmologique d'un tout cosmique absolument donné, soit quant à l'espace, soit quant au temps écoulé. De plus, chaque degré donné de réalité suppose toujours de plus petits degrés intermédiaires. La raison se fait ainsi la deuxième idée cosmologique de l'intégralité absolument donnée dans la multitude des parties réelles de la matière. En outre chaque effet donné suppose la série totale des causes précédentes. La raison se fait donc la quatrième idée cosmologique d'un être absolument nécessaire. Par la *troisième* idée elle voit la totalité absolue de tous les prédicats possibles comme la condition suprême, nécessaire de tout prédicat donné d'un sujet. Et comme par prédicats, s'ils se rapportent dans le sens métaphysique à des objets, on entend des réalités de la substance, la raison se fait enfin l'idée théologique d'une substance qui possède toutes les réalités [en général] et chacune d'elles [en particulier].

Il n'y a donc que ces trois espèces d'idées rationnelles nécessaires, et dans toutes ces trois espèces la raison aperçoit l'absolument inconditionné comme la condition suprême à laquelle elle doit nécessairement s'élever par ses raisonnements déductifs, en tant que sa connaissance doit passer d'une espèce quelconque de conditionné à l'*intégralité systématique*. Ce qui est parfaitement légitime, puisque l'intégralité dont il s'agit n'est pas possible avec le conditionné, où il y a toujours à rechercher une condition ultérieure.

Or, comme la nature de notre raison consiste précisément à rechercher dans toute espèce de connaissances une intégralité systématique, c'est donc une loi nécessaire de notre raison de ne s'arrêter jamais dans ses raisonnements à quelque chose de conditionné, mais de les suivre jusqu'à ce qu'elle arrive à l'absolument inconditionné, qui achève la série des conditions. Mais il ressort clairement de là que cette loi d'ascension jusqu'à l'absolument inconditionné n'est qu'un problème que la raison doit nécessairement se poser pour atteindre son but et se satisfaire elle-même, puisqu'elle aspire naturellement à la plénitude systématique dans ses connaissances; par conséquent l'idée d'un absolument inconditionné a sans doute une parfaite valeur subjective, puisqu'elle n'est point arbitraire, mais encore la raison nous l'impose aussi nécessairement, inévitablement, par sa nature même. Ce qui ne veut pas dire cependant qu'il y ait aussi en réalité des objets inconditionnés, et qu'ainsi les idées qu'on en a possèdent encore une valeur objective. En effet, la raison ne les produisant qu'en conséquence d'un besoin régulateur pour la plénitude systématique de ses connaissances, il reste toujours à savoir absolument si les objets de notre connaissance sont aussi réels que le demanderait une plénitude systématique de la connaissance que nous en avons. Si donc la raison considère l'absolument inconditionné comme un objet qui nous est déjà *donné immédiatement* par chaque conditionné, et qu'elle se forme ainsi en partant de simples concepts le principe : Si le conditionné est donné, l'absolument inconditionné l'est également, alors elle tombe dans un paralogisme très dissimulé, il est vrai, mais incontestable cependant, puisqu'elle donne immédiatement, sans déduction ultérieure, c'est-à-dire sans prouver qu'elle a le droit de le faire, le concept de l'absolument inconditionné dont elle s'était fait un problème pour son contentement, pour un concept objectivement valable qui se rapporte réellement aux objets. Toutefois, les idées d'objets absolument inconditionnés étant un besoin si pressant pour notre raison, dans l'intérêt de l'enchaînement systématique de nos connaissances, il est très naturel que le philosophe le plus pénétrant lui-même non seulement éprouve un penchant inévitable pour ce sophisme, mais qu'il lui soit toujours fort difficile, encore qu'il en voie réellement l'illusion, de s'en affranchir complétement.

Ainsi se trouvent résolues pleinement par la Critique de Kant les cinq problèmes sur la possibilité et les limites des vues de la raison pure, mais d'une manière qui n'a peut-être jamais été entrevue par aucun sage. La possibilité de connaissances rationnelles pures *a priori*, telles que la métaphysique doit les donner, se trouve donc établie par la Critique; mais ces connaissances ne dépassent pas le monde sensible, et n'aboutissent qu'à la détermination des lois universelles et nécessaires de la nature. Une métaphysique apodictiquement certaine est donc possible assurément, mais ce n'est pas une métaphysique telle qu'on l'avait ambitionnée jusqu'ici, c'est-à-dire une métaphysique qui, suivant l'indication même de son nom, devrait juger dogmatiquement de ce qui se trouve *au-delà de la physique,* c'est-à-dire en dehors des limites de la nature ; au contraire toute la métaphysique possible, en tant qu'elle doit procéder dogmatiquement, n'est qu'une métaphysique de la *nature.* C'est donc à tort que l'ontologiste se donne l'air superbe d'observer comment chaque chose doit être constituée *en elle-même,* sans égard à notre sensibilité ; tout ce qu'il peut faire se réduit simplement à la décomposition des concepts intellectuels purs. Le psychologue s'abuse par de purs paralogismes quand il s'élève au-dessus de ce qu'enseigne notre sens intime touchant notre moi pensant, et cherche à en prouver la nature simple et indestructible. Le cosmologiste, dans ses recherches sur la grandeur du monde, son commencement, sur la multitude des parties de la matière, non seulement tombe dans un vrai non-sens, quoi qu'il puisse dire à cet égard, puisqu'il opère sur des non-êtres évidents, mais il donne aussi à son adversaire des armes pour le battre, quand, dans les questions de la liberté métaphysique de nos actions et de l'existence d'un être absolument nécessaire, il essaie de prouver le pour ou le contre sur ces deux sujets. Le théologien philosophe enfin s'imagine vainement pouvoir dériver d'une manière apodictique l'existence de l'être parfait soit de la simple notion de cet être, soit de l'existence d'un objet quelconque en général, soit aussi de l'ordre et de l'arrangement merveilleux qui éclatent de toutes parts dans la nature. Car la certitude de l'existence de Dieu et d'une vie future ne repose pas sur des spéculations ; c'est tout simplement une *croyance*, mais une *croyance* à laquelle se rattache tout notre intérêt pratique, sans laquelle c'en est fait du système entier de la morale, par conséquent de tout le prix de l'humanité.

La Critique kantienne saisit donc comme frauduleux tous les systèmes métaphysiques qui se sont produits jusqu'ici, sans exception. Il n'y a donc, à ses yeux, aucune métaphysique encore. Et cette assertion ne se fonde pas sur de simples raisons de vraisemblance ou sur une opinion présumable, mais sur des preuves *a priori* clairement apodictiques, Kant n'ayant édifié sa Critique que sur des preuves de ce genre. Il est donc apodictiquement prouvé que tous les systèmes de métaphysique connus jusqu'ici ne sont que des sophismes, et par conséquent qu'une réforme totale de la métaphysique est absolument nécessaire, ou qu'il faut prouver en quoi les preuves de la Critique de la raison pèchent, et n'ont pas la certitude apodictique que l'auteur leur attribue. En un mot, l'œuvre importante et profonde de la Critique doit absolument être examinée par les hommes compétents et de la manière la plus stricte et la plus précise. Quel que puisse être le résultat de cet examen, la philosophie doit infailliblement y gagner; je crois même pouvoir dire que la Critique de l'auteur, au cas encore où elle succomberait à l'épreuve, n'en ferait pas moins époque dans l'histoire de la métaphysique, et donnerait du moins à notre manière de philosopher une toute autre direction. En effet, les problèmes qu'elle a soulevés sur la possibilité de connaissances objectivement valables *a priori* sont tels, que tout investigateur sérieux de la vérité doit nécessairement se préoccuper de les résoudre, puisque autrement le scepticisme serait irréfutable. En supposant donc que la solution donnée par Kant n'obtienne pas l'assentiment universel des sages, il faut nécessairement en donner une autre, et tout philosophe doit alors se sentir dans la nécessité de la rechercher. On peut donc espérer aujourd'hui d'avoir, un jour, soit en suivant la voie de Kant, soit une autre, une parfaite et définitive solution de cette question : Que pouvons-nous savoir d'une manière vraiment apodictique, et quelles sont au contraire les limites de toute notre philosophie spéculative ?

Si la Critique de la raison doit avoir cet avantage considérable pour la philosophie, il serait, à mon avis, très désirable que l'on se fît des règles suivantes une loi inviolable :

1) De ne pas crier, comme on ne l'a que trop fait déjà jusqu'ici, que l'ouvrage de l'auteur est une spéculation exagérée, une nouveauté de langage philosophique inutile et qui n'est propre qu'à jeter la confusion dans les idées. Ce n'est pas là, en effet, un examen ; c'est une fin de non-recevoir qui prouverait évidemment d'une part qu'on n'entend pas l'auteur, mais qui, d'un autre côté, trahirait un très haut degré de confiance en des principes une fois admis ; une fin de

non-recevoir qui serait d'autant plus blessante qu'elle atteindrait un homme dont le génie philosophique est depuis longtemps déjà fort apprécié du monde savant, et une œuvre dont l'exécution a demandé bien des années de recherches profondes et difficiles.

2) De ne pas se plaindre du défaut de popularité qui semble être réservé aux recherches qui sont l'objet de la Critique. Des recherches qui ont pour objet la possibilité de nos connaissances mêmes, par conséquent les premiers principes de ces connaissances, doivent naturellement avoir des difficultés, et présenter tout d'abord plus d'une obscurité. Mais qu'elles soient faites de toutes parts, et réduites à une parfaite solution, et alors on pourra sans grand'peine entreprendre de les rendre peu à peu populaires. Quand on parle de popularité en matière de métaphysique, il ne peut être question de celle qui s'étendrait jusqu'à l'intelligence commune et tout à fait inculte ; il n'y a pas, à ma connaissance, de métaphysique qui puisse être à la portée de têtes sans philosophie ; il n'y a pas de *métaphysique populaire* dans le sens propre du mot, et Kant n'a certainement pas eu la pensée d'en poser les bases dans sa Critique. Un système métaphysique est populaire, suivant moi, quand il est intelligible pour tout penseur exercé. Or, je me persuade qu'un penseur de cette nature doit trouver clair et intelligible le système de la Critique, tel que je viens de l'exposer en abrégé.

3) De n'en pas appeler, comme la mode de notre siècle en va toujours croissant, à la saine raison, ou

au simple sens commun. Un semblable appel, qui est déjà une offense dans toute réunion d'honnêtes gens, l'est bien davantage quand il s'agit de savants qui s'appliquent à l'examen sérieux et ardent des objets les plus importants de la raison, et les autorise pleinement à se pourvoir à leur tour auprès du tribunal de la politesse et de la modestie commune. Il y a plus, c'est qu'en cela le critique prouve toujours qu'il est à bout de raisons, et qu'il n'a pas envie de pénétrer plus avant dans l'objet de la recherche ; car s'il était persuadé qu'il peut dire quelque chose de solide, il ne serait pas forcé de chercher un asile qui n'est que le refuge de l'ignorance et de la paresse. Une intelligence saine est celle qui juge sainement; or le simple bon sens est celui qui juge sans règles artificielles. Que chacun maintenant décide si c'est la même chose. Ce qu'il y a de certain, du moins, c'est que les systèmes métaphysiques que nous connaissons ne sont pas des produits du simple sens commun. Si donc Kant élève le soupçon que ces systèmes pourraient bien être des produits d'un entendement malsain, corrompu par une dialectique sophistique, et s'il cherche à prouver démonstrativement par la décomposition de notre faculté intellectuelle ce qu'il y a de fondé dans ce soupçon, il me semble que l'appel à la saine intelligence de l'humanité n'est nulle part plus mal fondé que lorsqu'il s'agit d'apprécier un ouvrage qui a précisément pour objet de mettre en sûreté les droits de la saine raison humaine contre tout sophisme d'une raison corrompue par des artifices dialectiques.

4) De faire abstraction de tous les systèmes métaphysiques connus, et de n'examiner la Critique de la raison que par elle-même et d'après ses propres procédés. Cette règle doit être particulièrement observée si l'on veut que l'examen ne dégénère pas en une querelle d'école, et en une vaine dispute de mots. La Critique de la raison n'examinant en effet que la possibilité de la métaphysique, rien ne serait en réalité plus contraire au bon sens que de prendre sa propre métaphysique à soi, qui est précisément mise en doute par la Critique de la raison, comme terme de comparaison pour s'assurer de la vérité de cette Critique. Pour bien juger de la valeur ou de la non-valeur de la Critique de la raison, on ne doit jamais oublier que dans l'examen de chacune des propositions qui la composent, il y a, outre le principe de contradiction, un tout autre principe dont nous voulons nous servir ici, et qui fait partie de ceux dont la valeur ne peut être décidée que par la Critique de la raison. Or, comme la critique de la raison même, sans égard à un système antérieur, quel qu'il soit, n'est possible que par la décomposition immédiate de la raison, il en est de même aussi de l'examen de la Critique elle-même; en sorte qu'il n'y a pas d'autre moyen possible pour exercer ce contrôle que de suivre pas à pas l'analyse de la raison entreprise par la Critique, et de voir si elle est entière, achevée, ou si elle présente des lacunes et des défauts. Mais il ressort clairement de là encore qu'un examen fondamental de la Critique de la raison est aussi difficile, peut-être plus

difficile encore, que la Critique même, et qu'il est par conséquent nécessaire de réfléchir fréquemment et avec maturité sur la nature de l'intelligence, si l'on veut hasarder sur cet ouvrage un jugement critique de quelque solidité.

5) D'aller tout droit au but capital de l'œuvre, et d'examiner en conséquence chaque solution donnée par la Critique aux cinq problèmes ci-dessus indiqués. En effet, ces problèmes constituent non seulement tout l'objet de la Critique, mais ils sont de telle nature encore que la solution de celui qui suit suppose la solution de celui qui précède. Un examen régulier, que doit exiger l'amélioration et le progrès de la science, ne doit jamais débuter par des accessoires; il doit toujours s'attacher à la base de la construction scientifique. C'est ce qui est particulièrement nécessaire avec la Critique de la raison. Car la méthode synthétique doctrinale y a été suivie d'un bout à l'autre avec une telle sévérité, que presque partout chaque preuve particulière, prise isolément, est entièrement inintelligible et qu'un malentendu est presque inévitable si l'on n'est pas très familiarisé déjà avec toute la série précédente des idées de l'auteur. Nul travail ne serait donc plus infructueux que celui qui se bornerait à des affirmations de détail prises de l'ensemble.

6) De procéder d'une manière purement spéculative dans cet examen, puisque les recherches de la Critique de la raison ont elles-mêmes ce caractère

exclusif, et de s'abstenir par conséquent de toute considération intéressée. Le résultat d'une spéculation saine ne peut en effet jamais être opposé au véritable intérêt de l'humanité. Plus donc, dans des études spéculatives, on s'abstient de tout retour de la pensée en ce sens, plus certainement on doit être assuré que ce qui touche notre intérêt essentiel porte sur des bases qu'aucune subtilité spéculative ne saurait ébranler. Vouloir au contraire mettre déjà de l'intérêt dans la recherche même, ce serait y introduire par anticipation, et d'une manière occulte y faire entrer le résultat; en sorte que le jugement critique en serait naturellement exclusif et partial. Je sais que la stricte observation de cette règle serait fort difficile à plus d'un critique. La Critique de la raison pure est un ouvrage qui touche à nos intérêts de bien des manières. Cet ouvrage qui, pour la finesse et la profondeur des abstractions qu'il contient, pourrait presque s'appeler l'orgueil de la raison humaine, en est cependant la plus grande humiliation. Il lui refuse absolument et avec une certitude apodictique, toute faculté de s'élever avec ses concepts, ses jugements et ses raisonnements, au-dessus du champ de la sensibilité, et de se faire la moindre notion de quelque chose qui n'est pas un objet de l'expérience possible, et déclare en conséquence tous les systèmes métaphysiques connus, en tant qu'ils sortent des limites de l'expérience, un simple tissu de sophismes. La Critique kantienne n'est donc pas flatteuse pour l'amour-propre de la raison humaine qui se glorifie si volontiers de son savoir universel. Le sage, qui se croyait, par une sorte de droit de prescription, en possession paisible de ses théorèmes métaphysiques, doit naturellement trouver étrange qu'elle soit traitée sans détour d'usurpation pure et simple. La Critique de la raison semble également atteindre notre intérêt pratique. La connaissance de Dieu, la liberté de l'homme et l'immortalité de l'âme sont les piliers de toute religion et de toute moralité. L'objet capital de la métaphysique, comme science fondamentale de la raison humaine, a donc toujours été de démontrer apodictiquement et de la manière la plus stricte ces importantes vérités. Or, la Critique de la raison ne se borne pas à traiter toutes ces preuves de paralogismes, elle démontre aussi que la raison humaine est sans doute absolument incapable de réfuter ces propositions, mais qu'elle n'est pas plus en état de les prouver. Elle montre donc que la liberté de la volonté dans le sens métaphysique est un problème qui ne touche pas la morale, puisqu'il suffit de l'existence de la liberté pratique, qui est une proposition expérimentale; que Dieu et l'immortalité de l'âme ne sont pas des objets de science, mais de foi, et d'une foi que suppose notre intérêt pratique. La Critique de la raison change donc la place de ces importantes connaissances théoriques, et les transporte de la métaphysique dans la *morale pure*. Elle tient donc la morale pour une métaphysique pratique qu'elle établit comme elle fait la métaphysique théorique de la nature, d'une manière absolument indépendante de toute expérience, c'est-à-dire à titre de science rationnelle pure *a priori*, par conséquent d'une manière apodictiquement certaine. Mais comme les principes de cette science concernant l'agir ne seraient rien s'ils étaient sans effet, et par cette raison supposent nécessairement Dieu et une vie future, ils sont aussi nécessaires eux-mêmes. Le changement que la Critique de la raison entreprend dans la manière de traiter ces grandes vérités est donc d'une telle importance que nos philosophes doivent se montrer très empressés d'examiner avec le plus grand soin cet ouvrage dans tout son enchaînement. Mais il est par là même d'autant plus nécessaire de ne pas mêler à cet examen l'intérêt dont nous venons de parler, de l'en maintenir au contraire tout à fait pur, afin de pouvoir décider plus sûrement de la place qui revient proprement à ces vérités fondamentales de Dieu et de notre âme, si elles sont du domaine de la science ou de celui de la simple vie morale. Il faut ajouter cette circonstance, que l'appréciation de l'intérêt dont il s'agit serait en général prématurée, parce que l'auteur n'a pas encore publié son système de morale pure, qui est comme le pivot de tout le reste. Il me semble donc que le moraliste et le théologien sont très intéressés à la question de savoir si *Kant* ou quelque autre de nos métaphysiciens les plus en crédit, a raison. En supposant que le système de Kant soit irréfutable, qu'y aurait-il donc à perdre? N'a-t-on pas remarqué depuis longtemps déjà, ce qui prouve la même chose, je veux dire que toutes les tentatives de la raison pour s'élever au-dessus du champ de l'expérience, sont toujours restées impuissantes? Quel est donc le philosophe qui nous a fait connaître l'intimité des choses, ce qu'elles sont, abstraction faite de nos sensations, et qui nous a donné, par exemple, une notion de la nature fondamentale et propre de la matière, ou de la manière dont un corps peut agir sur un autre? Où sont donc les preuves métaphysiques de la liberté de notre vouloir, de l'immortalité de notre âme et de l'existence de Dieu, qui emportent une certitude irrésistible, apodictique? Kant serait-il par hasard le premier philosophe qui eût douté de leur force? La forme différente sous laquelle les présentent ces métaphysiciens n'est-elle déjà pas une preuve qu'ils sentent eux-mêmes la difficulté d'en faire ressortir la fondamentalité? Je ne me trompe guère en disant que la mortification infligée à la raison humaine par la critique de Kant, ne peut pas sembler si nouvelle et si inouïe aux investigateurs sincères de la vérité, et que le propre de cette critique dans la détermination des limites de notre raison, ne consiste pas tant en ce que la détermination qu'elle donne de ces limites serait une doctrine tout à fait nouvelle, inouïe, qu'en ce qu'elle cherche simplement à l'établir démonstrativement, *a priori*, en partant de la nature de notre raison même. En supposant donc que cette démonstration fût réelle, nous saurions alors avec certitude ce que des chercheurs impartiaux ont depuis longtemps présumé : il serait décidé que les vérités théoriques fondamentales de la religion naturelle même sont une affaire non pas de savoir dogmatique, mais de croyance rationnelle, croyance aussi ferme que la plus stricte démonstration, parce que sans elle toute la destinée humaine s'évanouit; croyance qui aurait en même temps l'avantage d'être *a priori* hors de la portée de toutes les attaques spéculatives, quelle qu'en puisse être la nature. Le philosophe aurait ainsi sa marche toute tracée : au lieu de se livrer à d'inutiles rêveries spéculatives sur des objets hyperphysiques, il dirigerait avec d'autant plus de soin les recherches métaphysiques sur les principes de la morale pure, d'où il déduirait la théologie naturelle. Ce système n'est-il pas aussi en parfait accord avec la religion chrétienne? La divinité et sa bonté ne sont-elles pas ici très frappantes, puisque c'est un fait historique aussi indéniable que merveilleux, que la saine et légitime connaissance de Dieu, qui fait aujourd'hui le bonheur du monde, est un trésor dont nous sommes redevables, non pas à des spéculations de métaphysiciens subtils, mais au seul enseignement de la doctrine morale, parfaitement pure, du christianisme? S'il est prouvé que la connaissance naturelle même de Dieu ne repose pas sur le savoir, mais uniquement sur la foi; s'il doit à plus forte raison en être ainsi de la connaissance révélée, il est aussi prouvé par là même que c'est par un misérable amour-propre de raisonneur qu'on se croit capable de décider avec assurance de ce qui est digne ou indigne de l'être tout parfait, de ses desseins possibles ou non pour le bien de ses créatures. Il est donc aussi prouvé par là que toutes les objections métaphysiques contre les mystères de la religion ne peuvent être que de vains sophismes, quel que puisse être l'air prétentieux de sagesse philosophique avec lequel ils sont toujours débités.

FIN.

TABLE

Préface.	1
Première section. — Essai d'une claire exposition du contenu de la Critique de la raison pure. — Préface	11
Introduction	11
Esthétique transcendantale.	17
Logique transcendantale.	26
Première division : Analytique transcendantale	26
I. Analytique des concepts.	27
II. Analytique des principes.	39
Seconde division : Dialectique transcendantale	84
I. Paralogismes de la raison pure.	94
II. Antinomies de la raison pure	112
Première antinomie.	115
Deuxième antinomie.	117
Troisième antinomie.	119
Quatrième antinomie.	121
III. Idéal de la raison pure	143
Méthodologie transcendantale	159
I. Discipline de la raison pure	159
II. Canon de la raison pure	172
III. Architectonique de la raison pure	183
Seconde section. — Examen plus particulier de quelques points de la Critique de la raison pure.	189

DIJON, IMPRIMERIE J.-E. RABUTÔT.

www.ingramcontent.com/pod-product-compliance
Lightning Source LLC
Chambersburg PA
CBHW070654170426
43200CB00010B/2236